U0925209

这部自传体女性创业手记的价值，不仅在于婷婷本人经历了产品研发困境、团队成员离开、投资人质疑、财务危机等各种场景，并一一克服；而且在于她横跨十几个行业，采访了大量创始人，传递了痛并快乐着的时代气息。人通过创业能发生怎样的自我颠覆和成长？本书对这个问题有生动而真实的回答。

秦朔朋友圈、中国商业文明研究中心发起人 秦朔

创业与艺术创作异曲同工，都是在充满未知以及无限的可能性中不断自我突破、自我超越，去创造价值。婷婷在这一年多时间里，在镜头前访问的优秀创业者，横跨十几个领域，同时向年轻人传播了关于创新创业的价值观，这本身就是一件有意义的事情。她自己和本书中出现的每一个人的故事，都洋溢着鲜活的时代气息，对于我们了解时下中国的新生代女性，提供了独特而精彩的样本，值得一读。

旅德艺术家 王小慧

在这个时代，优质内容的稀缺和价值已不言自明。婷婷作为一名记者和主持人，对于提问的技巧和艺术钻研了近十年；如今作为一个内容创业者，如果说创作是她的天赋和特长，如何成为一个成功的CEO则是她要面对的挑战。我们需要生产既能引领大众审美，又能输出价值观，同时赢得商业社会认可的内容。祝愿婷婷在这条路上越走越远。

唯众传媒创始人、CEO，著名媒体人 杨晖

创业既需要疯子般的狂热，也需要马拉松队员一样的坚韧、耐力。在十五年的投资生涯中，我投资和见证过许多创业家的奋斗之路，他们无一不是这二者的结合。将优秀创业者的宝贵经验和创新精神传播出去、传承下去，非常有意义。打造优质创投视频内容是于婷婷创业的初衷。这一年多来，作为一位投资人，我很欣慰地看到她在内容上坚持初心，在商业路径上不懈探索。祝福所有创业者，不光有苟且，更会有诗和远方！

汉理资本董事长，A轮学堂班主任，软银中国前副总裁 钱学锋

婷婷在30岁时做出了她人生的重大选择，放弃了光鲜亮丽的电视主持人的工作，成为一名创业者，在追求自我价值实现的道路上，默默承担起许多责任、压力和使命。这本书真诚地跟你分享了一个女人如何洒脱、坚强、全身心投入地去成为最想要的自己。独立、勇敢是女性最持久的魅力，这样的女人不仅配得到最好的事业，有一天也一定会遇见她真正的Mr. Right，拥有最好的婚姻和家庭。

美国洛杉矶市前副市长，畅销书《30岁前别结婚》作者 陈愉

我决定投资《婷婷创立》这个脱口秀节目是在美国斯坦福大学时。那天我们只谈了1小时，我就决定投资婷婷。创业者必须具备三大核心精神：坚持、敬畏、耐劳，这些她全都具备，尤其是内容创业领域最难能可贵的专注和“匠心”。我也是创业过三次的女性，我的感觉是“世界以痛吻我，要我报之以歌”。但我仍然支持女性创业，为推动先进文明的社会和更美好的商业环境而服务。

敦煌财富创始人 李沁谕

婷婷创立

中国首部女性创业手记

T startup
The First Female
Entrepreneurial Notes
of China

于婷婷 著

图书在版编目(CIP)数据

婷婷创立：中国首部女性创业手记/于婷婷著. —上海：上海远东出版社，2016
ISBN 978-7-5476-1114-2

Ⅰ. ①婷… Ⅱ. ①于… Ⅲ. ①于婷婷—传记
Ⅳ. ①K825.42

中国版本图书馆 CIP 数据核字(2016)第 130084 号

婷婷创立
中国首部女性创业手记

于婷婷 著
策划编辑/罗淑锦 李巧媚 责任编辑/李巧媚
封面设计/尚世视觉 版式设计/张韵帆

出版：上海世纪出版股份有限公司远东出版社
地址：中国上海市钦州南路 81 号
邮编：200235
网址：www.ydbook.com
发行：新华书店 上海远东出版社
上海世纪出版股份有限公司发行中心
制版：南京前锦排版服务有限公司
印刷：昆山亭林印刷有限责任公司
装订：昆山亭林印刷有限责任公司

开本：890×1240 1/32 印张：10 字数：170 千字
2016 年 8 月第 1 版 2016 年 8 月第 1 次印刷

ISBN 978-7-5476-1114-2/F·583
定价：49.00 元

创业是一条回家的路

我眼中的婷婷

"没有摆拍、不经预设，让一切真实自然地发生。"

——《婷婷创立》每一期视频节目的开篇语

眼下是凌晨 4 点的硅谷南湾，需要披着长袍的温度。窗外，夜虫和晨鸟的鸣叫交相辉映，送走黑夜，迎来黎明。我第三遍通读了婷婷的手稿。而我的窗前，是凯文•凯利在他那本著名的《失控》中开篇讲到的硅谷典型后院的景象：两棵瘦高的棕榈树，矗立在美洲柳、柠檬树和正在盛放的丁香丛中。"北加州的夏天，旱季卷走了一切绿，只留下枯黄；而这枯黄是渐变色的，从靠近海的太平洋东岸、整个旧金山半岛的最西侧山脉，到东湾的 Mission Peak，跨度不到 30 英里的东西走向，植被随着水汽的降沉和消散，依次呈现出雨林巨杉、亚热带棕榈、温带灌木和沙漠草甸的景象。"KK（凯文・凯利简称）从对自然的观察中总结道，生态会受到重要因子（水）的巨大扰动。他也延伸描述到：硅谷独特的混杂生态景象，又如何不像这里的人群——所有人受到共同季节（技术趋势、社会政治经济宏观条件）的影响，但是基因（文化、背景）等的不同，使得各类人群呈现不同的行为范式。“多元，是健康的生态应有的状态呈现”。

认识婷婷，也要归因于这样一个多元的创业者小生态，我的天使投资人王利杰（Leo）先生是中国 PA 基金的创始合伙人。那是 2015 年春季，合伙人白晨作为 CTO（首席技术官），在硅谷带着我们组建起的智能硬件和教育技术在全球领域都敢于骄傲宣称实力最强大的研发团队，日夜赶工，正在推进起源套件的开发；而另一位合伙人隋少龙放下新婚不久的妻子、新买的大房子，决定和我一起在全年放足够多的时间在中国，把亚洲区运营团队搭建起来。我们激情满满、雄心勃勃。从美国到中国，市场、行业、投资人都不断地给我们提供各种机会，微信工作群则高密度、高效率地把这些机会推送到创业者面前，没有国界限制。这些宝贵而顺势而来的机会中，就包含 Leo 在 PA 群里对婷婷和她正要成立的“一种形式非常新颖的创业团队访谈节目”的介绍。我看了婷婷出色的职业背景，按照创业者“把握一切机会”（尤其是免费的市场推广机会！）的原则，直接联系了她，并对我们团队做了自我介绍，告诉她“你应该采访我们”。

“你们团队很棒！咱们约！”她漂亮的头像迅速回复。那时，我以为这将和其他大多数媒体机会一样，我和团队负责展示“萝卜太辣”的特质，制作方负责按照流程拍摄，之后我们共同按照流程进行素材推广。

“采访提纲可以提供一下么？我们相应准备。”
“没有采访提纲！”
“那么，大概的谈话主题可以提供一下么，我们相应准备。”
“我不会给你们限定主题！”
“那么……风格是哪种？我们语速应该快还是慢？长句子还是短句子？我们准备一下？”
“没有限制！”
……

婷婷和她的团队就要来我们其时刚开业不久的中国区第一个产品体验中心进行节目拍摄了，我才开始体会到，“没有摆拍、不经预设，让一切真实自然地发生”，不是她仅仅在宣称的口号，她在做。

“现在、立刻、马上！”
——《婷婷创立》，“对待一切的行动观”

我们的节目棒极了，极顺畅一次过的兴奋交谈。她竟然让我们三个合伙人最后把团队之歌“大河向东流”都给“自然发生”了出来。拍完节目，我们就熟了。她说：“我在来的路上就在准备和你们自然互动的能量。我观察每一个细节，尝试用最快的速度融入到你们的工作环境当中，捕捉你们。越是顺畅自然，越是消耗巨大的高强度能量。”我秒懂。

那期节目之后，我们两个团队都各自继续在巨大的内在张力推动的轨道上飞速前行。萝卜太辣（中国）在2015年成立了北京、上海、西安三个分公司。而至2016年年初，我已经可以安心地让年轻的合伙人全权负责中国大区的运营，再次回到美国去扩张我们的全球运营。5月底是我离开中国四个月后首次回来。婷婷刚好发来微信：“可否为我的书写一篇序？”我在表达荣幸之后，怀着诧异的心情期待书稿，“这本书是如何发生的呢？（怎么可能？）”

是的，对一个“忠于自己，忠于美，忠于现实，忠于她做出的每一个选择，并为之绝对负责”，并且可以秉承“现在立刻马上”行动观的人，这本书在她创业的过程中，也可以发生。当然这依然是一种了不起的发生——每一段文字都诞生于无论多忙，睡了多少，都坚持不懈地进行写作的每一个5点半的清晨。

6月初，婷婷书稿完工；6月也是几项盛誉带着萝卜太辣团队来到更大的世界舞台的新时间点——作为新一年的联合国创新大使，我在纽约总部呼吁所有国家“Unite for the Next Big Human Project - Prepare our Children's Generation to Go to Mars”。作为世界经济论坛的新一年全球青年大使，我在夏季达沃斯也再次和来自NASA等机构的负责人，共同倡导推动科技教育STEM进入所有的学校，带着新一代为即将来临的火星时代做好准备。我在TEDx西安向观众们介绍数学模型如何解释人类必须要通过机器人抵达火星和20年后的行星际文明时代。从纽约到达沃斯到西安，人们开始以“The Mars Lady”来指代我。在从西安回京的火车上，看着速度秒盘上地球火车的最快速度“330公里 / 小时”、身边玩《保卫萝卜》的孩子和看《欢乐颂》的人们，我安静而满怀珍惜地完成了婷婷书稿的第一遍阅读。

“I see you.”五小时后，我发给婷婷这句话，“Thanks for giving me this opportunity.”两周后，在北京家里再次出差前的深夜，我和婷婷通了一次电话，详细了解了她对于序言的期待。她说：“让一切真实发生。”我告诉她：“创业是持续地解决一个又一个问题，越过一个又一个坑，这个过程对于创业者是正在进行时的。我也一样，会犯过大大小小的错误， 但是感受不一定会愿意拿出来和别人分享，至少不是现在。你比我勇敢。”是的，全球青年领袖、UN创新大使、Mars Lady这些名头，其实对于真正的创业者或者做事者面前，都不重要，因为做成事不需要一个又一个称号，需要的是：

以吃力的轻松，
以坚忍的机敏，
在深思熟虑的灵感中。你可看到
他如何屈膝蹲伏以纵身飞跃，你可知道
他如何从头到脚密谋
与他自己的身体作对；你可看到
他多么灵巧地让自己穿梭于先前的形体
为了将摇晃的世界紧握在手
如何自身上伸出新的手臂

“你即将要遇到的另一个自己”

——《婷婷创立》，出走篇

我答应了两周后就给婷婷送回来的序言，腹稿就改了几次。每次跨洋飞行，都是我安静写作的时候，在从北京飞纽约的路上把大纲变成稿子是我的目标。空乘人员送过午餐，我开始第二次读婷婷的书稿，突然发现了一个巨大的秘密。《你是个女的》《创业维艰》这两章依次排开。而此刻这趟由一位女机长执掌的航班上，电视屏幕里是各种情绪激昂的“特朗普 vs 希拉里”的新闻评论，邻座正在读谢丽尔·桑德伯格的《往前一步》，婷婷在书中述说她的美貌给她的“创业者身份”在一些场合带来的“隐痛”。

任何人第一次见到婷婷，都一定会首先强烈地意识到：“一位大美女”。作为一名在硅谷硬科技界创业的少数族裔女性，我的注意力在这之后就会进入和婷婷关于业务的讨论中去。但是我们都知道，当我们的谈判或者谈话对方是其他性别或者身份时，他 / 她们可能并不会那么快地回到业务中来，甚至，他 / 她们的注意力也许会集中在“性别”这个点上并且开始引申：“一个年轻女子，单身，为何要创业呢？”

“你别像个汉子似的，内心可以强大，外表还是要女人一点”……
“明明可以拼脸还有胸，明明可以拼胸还有腿，明明可以拼腿还有脑”……
“一个女人如果创业，哪怕在外面做得再成功，如果回到家里不做家务不带孩子，丈夫，包括丈夫的母亲都会觉得，要你这个女的有什么用？”……

我非常喜爱哥伦比亚大学校友本·霍洛维茨的《创业维艰》这本书，并且和合伙人都为其中无数“解决一个又一个问题”的场景描述感同身受。但是如果创业在任何地点对任何人的本质都是“创业维艰、无数事情无数坑”的话，那么作为女创业者，大众惯常会以为你的游戏难度要再＋1。

婷婷的书，很真实地记录了她与不同性别的投资人和合作方打交道的事情，也详细记录了不同性别、不同领域的创业者如何选择事业领域，如何做决策，如何面对困难和挑战等很多细节的故事。

这些故事里，不同世界观的读者，将看到性别羁绊或者增力的作用。但是事实上，技术对个体各个层面的赋权，真是这个时代最美好的事情。如果一个人连屏幕那边是不是一条狗都不能分辨的话，女性如果选择了创业，那么，技术将使女性的一些基于生理特征的天赋变成战斗力。比如，更精准的同理心、大脑灰质层与男性不同的神经元连接方式所允许的多任务并程处理能力，简直是需要处理千头万绪事情的创业者“开挂”的千金不换的宝贵技能。

沿着硅谷最重要的干道101公路，在金灿灿的夕阳下的车河中，我边听着公共广播台NPR，边用AI语音小助手完成这份序言的最后部分。此刻，美国民主党代表大会正在被邮件门搞得焦头烂额。尽管桑德斯已经公开支持希拉里的总统候选人党内提名，支持桑德斯的年轻左派们仍在场外抗议“我们无法认同希拉里”。NPR 的主持人点评道：“在世界已经见过很多女性领导人之后，似乎希拉里的女性身份并没有给她带来政治资本，英国都已经是第二位女首相了。”而米歇尔·奥巴马的演讲，则提醒乱糟糟的会场中的人们：“今天，我像往常一样，在由奴隶建造的房子里（指白宫）醒来，看着我的女儿们，两个聪明伶俐的黑人小姑娘正与她们的爱犬一起玩耍……因为有了希拉里·克林顿，我的女儿们现在可以理所当然地认为女性能够成为美国总统。”

破坏者们会质疑，他们做梦、探索、捣乱、发现、挑战
令人愤怒、骚乱、喋喋不休、打破、折腾、想象、推进
粉碎、驱动、冒犯、冒险、同时爱扎刺
他们也赢了，得到提升，挣得更多，产生更大的影响
完成自己的梦想，改变世界

当一群女性成为破坏式创新者时，世界因为这些特别的创造力和生命力而更美好——美人的美，好运的好。

祝无论男性或女性创业者、投资人、初入职场思考人生选择的年轻人、学生，无论你的背景你的身份，当你读到这本美女创业者写的书，你看到的，是时代的脉动、技术的赋权，是值得我们用各自的多元方式来深爱的正在进行时的世界。

" Life is short, live each moment to its fullest with YOUR creativity.
生命很短，用创造赋予其意义！"

张 尧

萝卜太辣 创始人、CEO
世界经济论坛2016年全球青年领袖
2016年7月25日，于美国加利福尼亚州硅谷

自序

去年开始写作这本书的时候，也是盛夏，上海最高温度四十几摄氏度，我一天到晚在外面拍摄。有人问我："不热吗？"我说不热，因为我的心里面更热。

真幸运，今夏我仍不感到热。6 月我摔伤了，右侧坐骨骨裂，卧床一个多月才能下地活动，这次倒是"心静自然凉"了。正好赶上《婷婷创立》节目改版升级，公司商业计划重新调整，我索性彻底消停下来，在体会丧失行动能力、生活不能自理之余，静静聆听自己的内心。

这一年多来我奔波辗转，心里如同装着八九个熊熊燃烧的太阳，仿佛一停下来自己就会被烤焦，化为灰烬。

认识我的人说我有着极大的生命张力，只有我自己知道强大表象掩盖下的虚弱。这个叫于婷婷的女人，时而野心勃勃，时而悲观绝望。她没那么坚持，常常摇摆，偶尔也想“嫁个有钱人算了”。

奇怪的是，所有内心的挣扎最终都被平复，结局是她坚持了下来，心中的震荡和激动越来越少，对结果的态度越来越淡漠。她开始不再那么喜欢主动、热情地寻求合作机会，而更注重收集信息、分析、判断、选择、拒绝。错的永远先于对的到来。一个成功者最好的品质，恰恰是克制内心渴望成功的欲望，会忍耐，会斋戒，会等待。

是外力促成的一场意外使我停下来，有机会省察这些。同时我还体验到他人关爱的力量。在这段“残疾”期，我时常接到鲜花、贺卡、礼物、蛋糕、美味的蔬果肉蛋。诸如本书出版之类在日程上不能延后之事，亲爱的朋友们愿意赶到我家来开会商议，签署协议或合同。我从来没有这样需要过他人的帮助，就好像一个将军突然卸下铠甲，露出软肋，发现当一个懦弱无能的人原本是这样的幸福。我决定日后允许自己适当愁眉苦脸，发发牢骚，请求支援，小鸟依人。有一天当你不再追求强大，就是真正强大了。

这本书是我的孩子，书里的那个“我”是我最好的朋友。经由她我成了现在的自己——我能想到的最好的样子。其实我没怎么觉得自己是在创业，没那么严肃，但我不能忍受一天不去创造、创始。所以我爱“创始人”这个称谓远远多过“创业者”——后者往往是被他人定义的，而前者自有一股内驱力。我们要做别人没做过的事才行，要让有我的世界和没我的世界最大的不同。

这本书不仅仅是我一个人的孩子，也是所有编辑、设计等工作人员智慧和劳动的结晶。而你，我的每一个读者，也将重塑她的生命，使她更加鲜活、生动、独特、千姿百态。真心地谢谢你捧起她，相信你会喜欢这个宝宝！

2016 年 7 月 16 日 于上海

目录
CONTENTS

出发

创业维艰

两手空空 满载而归

拥抱不确定性

同舟共济

Starting off

出发

Starting off

出发

1. 出走

我人生最精彩的故事始于一场出走。

在那以前，我在一家电视台工作。

我热爱极了我的工作，那是我 7 岁起确立的职业梦想。一路走到今天，为它放弃了很多东西。有一次频道总监问我："你为它牺牲过什么吗？""我没有牺牲什么，都是我的选择。" 我回答他。

这是两三年前的一幕了。放在今天再面对这个问题，我的回答

全身心投入
工作是最大的
享受

也是一样的。真爱，就不会认为是牺牲了。真正成熟的爱，是无条件的。

那年的酷暑，我主持一档大型时政对话栏目，在直播前需要做大量的暗访调查。我常常凌晨三四点爬起来，打录音电话。有一回，为了调研旅游业态和政府管理水平，我还去应聘“黑导游”，一聘就聘上了。

有一次，我苦思冥想出一个节目方案，就去跟上司谈——就是问我“你为理想牺牲过什么”的那个人，我非常尊敬他，无论专业还是品性。

我不记得谈到哪儿了，突然像雷劈一样被一句话击中。

“你能不能等三年？”意思或许是等三年才有可能让我做一档这样的节目——如果我没理解错的话。但我肯定理解错了。

“三年。你的一生有几个三年？”一个声音在我脑子里打转儿，有点嘲笑的意味。那个声音嘲笑的不是他，也不是这句话，甚至不是我所处的机制，嘲笑的是我自己曾经做的选择，居然会使我面对这样一个好笑的问题。

你要做什么就去做。

想去哪儿就去哪儿。

想爱谁就一心一意去爱。

用最快的速度，现在、立刻、马上。

人生没有多少时间可以用来等待，但行动前必须花时间思考，那是为了行动起来更节约时间。

“对不起，我不能等。”我给出这个答案以后，就辞职了。

听起来很酷是不是？但当时我觉得自己好窘，“窘迫”的“窘”。有一段时间我老和人吵，确切地说是争论，但我的争论永远得不到回馈。我观察了一下，发现自己身处一个永远没有争论、不欢迎创造、只期待服从的环境，再待下去我会窒息而死。

那段时间，我一心想行动起来。我马上就会没有任何收入来源——大学毕业后我还没有过这样的日子；而且我对自己想做的事情能否启动毫无把握，却有强烈的渴望想去拥抱未来的不确定性。

那是一个“欲”火焚身、一触即发、干柴烈火的时刻。你，和你即将要遇到的另一个自己之间。

你们看着彼此会觉得顺眼吗？会不会一见钟情？还是会吵架，互相讨厌，分道扬镳，再去找下一个？或许都会，你和另一个你自己，会在分分合合中厮守终生。但好消息是，他是那个真正的自己。

“破坏者会质疑，他们做梦、探索、捣乱、发现、挑战、令人恼怒、骚乱、喋喋不休、打破、折腾、想象、推进、粉碎、驱动、冒犯、冒险、同时爱扎刺。他们也赢了，得到提升，挣得更多，产生更大的影响，完成自己的梦想，改变世界。”

——[美]乔希·林克纳《破坏式创新》

2. 告别

生活的每一分钟都充满选择，关于时间、金钱、情感等等。选择是永远也做不完的，当你做出一个选择后，会有接二连三的连锁反应接踵而来。

我的选择大抵是要威胁到另外一个人的幸福人生了——我希望这样表述是接近准确的，于是他也来让我做一个选择。他曾经将我照顾得特别好，以至于我在过 30 岁生日以前的很多年，都只记得自己是 23 岁。

“他们”不是没有考虑过踏入婚姻的门槛，这正是那位先生要这个女人做出选择的主要原因。

人类最愚蠢的是占有欲，很多事明明可以共存，但他们不知道自己做得到。他们被很多不够聪明的人所犯的错误蒙蔽，以为自己如果那样，也只能勉强及格。他们以为娶一个以强硬的姿态追求自我、逆风而行的女人做老婆，结果一定是家庭破裂。他们永远在向身边那些同类看齐，从来没有去参照那些真正伟大和卓越的人，向他们学习，究竟是怎么做到十全十美的。于是认为不可能得 100 分的人，永远拿不到 100 分。

我需要离开的，是一个特别大的大房子，整整有五层那么大，处在一个特别大的庄园里面，刚搬来的时候我还会迷路的。出门就是湖畔，有段时间我经常绕湖骑自行车。

“就这样下去，傍湖而居，衣食无忧地过，放弃寻找自己、人生其他所有更好或更差的可能，不好吗？”

“很多女人都是这样度过她们美满、幸福、安居乐业的一生。那不好吗？”

“她”们不停问我。

“很好。但那是她们的选择。我是我。”

临别时，他说：“这一切你都不要了。”

“你也没打算要真正的我。”我听见自己镇静地说。

就这样轻描淡写的，她奔向她浓墨重彩的人生。

冷冷清清地风风火火，平平淡淡地轰轰烈烈着。

当你真正经历过离别，就不会再那么讨厌离别了。每一次结束，都是一个好故事的开始。以后的人生啊，永远比过去的更漫长。

“来，换下一个场景，继续拍摄。”生活的导演说。

他人们的观点、意见，都不如做真正自己的导演来得痛快！

↑ 和好朋友、时尚设计导师费雯俪在武康路工作室的花园。

7. 过去的生活

事实是，发生过什么并不重要，重要的是你看待和描述它的方式。

我早已不像从前那样看待发生在我身上的事了。我描述过往的方式，一天换一个样子，一天变换一套说辞，你也是一样。这是最佳做法。在你的经历中抽离出事实的骨骼，将粗枝大叶的情绪剔除，提炼出人生的宝贵经验。萃取出他人的好，其他的，原谅，化解，淡忘。

至于原谅，人其实没有资格原谅别人，只能原谅自己。因为人没有资格怪罪别人，只能怪罪自己。

4. 真实年代

一天，我们武康路工作室的小院儿第一次接待远方来客，既让我喜出望外，又觉得在情理之中。人生进入到某一个通道，很多偶然渐渐眉目清晰起来。

这两位客人来自出版社——我又要实现一个“不可能实现的愿望”了。此行两位专程来向我约稿，希望我能把自己的创业经历和访问过的创业者故事写作成书。

从小到大，我有两个“不可能实现的愿望”：一个是做电视，一个是写书。第一个愿望在我 7 岁脱口而出的时候，母亲就告诉我“傻孩子，不可能”。我在 25 岁时把它实现了。第二个愿望迟迟没实现，因为我自己胆怯。

我父母都是老师。那个时期家里比较清贫，家具都是父母结婚时父亲亲手打制的，但家里的书可真多啊！六岁的时候，我们第一次搬家，我清晰记得家里的书就装了整整十八只大纸箱。

几乎所有的书都是父亲的，他年轻的时候是地地道道的文艺青年，林区第一代英语教师，还自学了日语，写作小说和诗歌，翻译英文原版文学名著，画画，吹口琴，吹笛子。

父亲背影清瘦，不苟言笑，喜欢一个人在河边默默坐着钓鱼。有时候钓很多，带回来给我吃，有时候什么也没有，仍然一坐就是几个小时。除此之外，他还酷爱去我们家的仓房坐着。小时候我在东北住的都是平房，家家户户院子里都有一个仓房。多数人家用来储备生活杂物，我家仓房里面是家里摆不下的书柜和书。

每每夜深人静，父亲就拿着手电筒，搬个小板凳，坐在里面整理他的书。他将书从纸箱里面一本本拿出来，抖抖上面的灰尘，翻开，举着手电筒一行行地照。

若是在夏夜，这必定是极舒服的，可寒冬大冷的天，晚上零下二三十度，他也能举个手电筒在那里看很久。 有年春节我回去，发现我房间的床板掀开，里面全是父亲这么多年收藏的古书。

很大程度上是因为父亲的影响，我从小对书怀有敬畏之心。这些年过去，很多人为了方便省力又环保，开始读电子书了，我还是必须读纸质书籍。而自己写书，出书，对我来说是梦寐以求的，却总觉得这事太神圣，为时过早，自己还没有资格。早在八年前，我尝试写过一部长篇小说，名字叫《针尖上的舞》，后来功力不够，难以把漫长的谎话说圆，终于不了了之。

摄 影 / 于婷婷

想不到两位出版人此行来沪，与我将合作出书事宜速速敲定下来。两人下午三点到的，不到五点就匆匆离开了小院儿，赶火车去往另外一个城市开会。我们的会谈，加起来不到一个半钟头。行程中的他们还特地发来信息叮嘱：“好好考虑关于创业的两本书，一本写你自己的故事，图文并茂；另一本 20 人左右的创业故事合集，选那些经历丰富的人，越传奇越好。”还说看了我发表的一些东西，认为我很有才气。我内心倍感诚惶诚恐、受宠若惊，但同时也受到特别大的鼓舞，相信自己能全力以赴、漂漂亮亮地完成这曾经“不可能的任务”。

后面连续几天不停地开会，一天下来回到家累得早早就昏睡过去，睡得特别沉。结果凌晨三点半醒来，不知被什么感召，脑海中掠过四个字——“真实年代”。

“这是最好的年代，也是最坏的年代。”这句话很少有人再提起。

这是一个人们不再羞于大声说出梦想的年代；这是一个不管做任何梦都不会遭到讥笑的年代；这是一个妈妈们绝不再对孩子说“不可能”的年代；这是一个讲求协作，只要你聪明勤奋，所有人都会千里迢迢赶来帮你的年代。

真的，这是一个如此真实的年代。

5. 冰火两重天

这些年来我一直试图了解自己，或许徒劳，但努力比不努力多少好些。

在二十岁到三十岁之间，我不怎么记得自己的年龄。在医院挂号或体检填表，写到年龄，我提笔永远想写 23 岁，想想不对，再用那一年的年份减去自己的出生年份，才记得起来。

二十岁到三十岁之间，我在有些事情上特别坚持，而在另外一些事情上特别懦弱。我看起来特别热闹，工作让我善于每天结识不同的而且很优秀的人，并能跟大部分人相处得很好，但其实我更喜欢一个人待着。26岁的时候，我能十个小时不说一句话，画一幅画。

在对人的审美上，我偏爱一个老灵魂装在一个年轻的身体里，或者反过来，老迈者返老还童——或许因为自己正是那样的人。

我在人群中很容易被认出来，一个人走在路上，也容易被善意的陌生人打招呼。有一次，傍晚了，旅途中我从火车上下来，走在苏州的平江老巷。那是初冬，人在外面呼吸嘴边会萦绕着腾腾雾气，我穿着一身黑，还戴着副墨镜。

“气质不错嘛！像于连先生。”一个老者隔着五六米迎面走来，朝我打招呼。他是个爱好文学的人，打小住在这老街上，说作家苏童曾是他隔壁的邻居。“你应该写作，当一个作家。”三言两语他就下了结论，还随性给我取了个笔名叫“于可桢”，然后指着脚边的河水说：“喏，就像这河里的鱼，捞出来就可以蒸了。”爱食的苏州人。

我做过很多有趣，但在无趣的人眼里非常出格的事。比如，前一天买张机票第二天就一个人飞去毛里求斯。在那个被马克·吐温赞美为天堂原乡的岛国，能尽情舞蹈，每天出海，收获到很多热带阳光般火辣的赞美。

我住过很多类型的房子，从湖边的别墅到马上就要被拆迁的老民居。别墅地下有酒窖和影音室，老民居里爬着壁虎、蟑螂，

据说还有过老鼠。后来，我觉得这些都跟我没什么关系，不过是个“居所”，一个人真正的“家园”自在他的内心。

我谈过两段恋爱，都欢喜而漫长，且因画上了句号而显得完整。30 岁这年是我人生情爱里程的一个断点，简单说来，我为了一场爱情离开我的城市，后来又回到我的城市。为此我难过了很久。

终于有一天我不再难过了。那天，我心灵体验到的图景超乎寻常地神奇——我和一个人聊天，不知怎么聊到一个被遗忘多年的画面：我和他第一次见面，雨天，在一个朋友家里，我给他开门——那是很多年来我自以为是的“一见钟情”。“后来我知道，我长得特别像他的初恋，而我的名字跟他的前任一样。”

我讲到这一句的时候，坐在我对面的男人居然泪光闪闪了。当天，我就吃惊地发现，我的心再也不疼了。如果七年前那一见发生的时点是 A，我此刻在 B，AB 两点之间隔着一条河，我仿佛在一刹那穿越了那条河，对中间发生的一切“隔岸观火”。我想起黑塞笔下悉达多与他的河流，他在经历了一切之后，向湍流不息的河水学习，最后豁然开朗。我马上抓起电话把这个喜讯通知了我妈，对她说：“你的孩子放下了。”

爱情本身，以及人们对爱情的幻想，都很美。但将人生巨大的热忱都在情爱中付之一炬，是令人惋惜的。还需要去追求些别的。

我渐渐发现“她”变了。

火焰，开始从早到晚在她的血管里奔腾不息。

有三个意象不断在她的脑海里上演：一滴血滴落水面，一道冰川融于汪洋，一粒火种坠入湖心。

她开始对所有人坦率，真诚地善良和愤怒，真诚地同意和拒绝。真诚地吝啬她的时间，不在不够美、不够聪明、不够坦诚的人身上多浪费一分钟的工夫。

6. 最后一封辞职信

我终于记得自己的年龄了。2015 年 2 月，我 31 周岁生日当天，我特别庄重地在零点许了三个愿望：第一个是创立自己的公司；第二个是一年之内赚得第一个 100 万；第三个不能说，因为忘记了。

5 月 4 日，我向第一财经正式递交辞职申请。我清楚地知道，这将是我一生中最后一次辞职。

当天，我在日记里写下这样一段话——

“感觉好像将自己用力掷向天空，并不介意重重落下，拥抱坚实的

大地。她睁开双眼看世界的目光如焕新生；她内心清楚，从此她与世界的关系将彻底发生改变；她将在未来的每一天，更加忠于自己，忠于美，忠于现实、忠于她做出的每一个选择，并为之绝对负责。”

很多人来道贺。其实，难的不是敢于新的开始，而是对过去的终结。创业即失业，也叫“裸辞”。我的母亲也对我说过：“孩子，一个人最强大的时候不是在他拿起的时候，而是在他放弃的时候。”至此，我在国内首屈一指的主流财经媒体——第一财经传媒集团的职业生涯正式告终。一个多月后，阿里巴巴投资 12 亿元参股第一财经，这个我服务了八年的财经媒体集团也就此踏上新的征程。

第一财经是我从上海财经大学毕业后的第一个东家，也是我创业前的最后一个东家。中间我曾服务于其他机构或平台，但对第一财经的感情最深，也最为感恩，原因是它带给我的不仅是职业经历，还为我注入了某种基因，关于职业、专业、理想、信念。同时，第一财经还很类似于一个商界的黄埔军校，这些年来从里面出来不少优秀的创业者，他们创建的公司成为各行各业的标杆。这些“一财系”的创业者们经常聚会交流，分享奋斗路上的经验教训。为了加深联系、方便切磋，2015 年上半年，由当时的福布斯中文网总编辑、现任第一财经 CEO 周健工先生倡议，几位原一财同仁联合发起成立“一财创业邦”，由周健工先生担任邦主，我担任秘书长。当时我的创业计划已经锁定为创业者提供视频服务。“先服务好我们一财出来的创业者吧！”健工对我说。我十分乐意。

7. 燃烧吧，钱

有个现象非常奇怪。所有人都以为创业比上班辛苦得多，压力也大得多。但我看到的事实是，所有人创业后都比上班时更显年轻，更活力四射。

“你怎么每天跟打了鸡血似的？”

“不是打了鸡血，浑身流的就是鸡血。”

这是我跟一个 80 后创业者之间的对话。

其实很容易理解。每一天早上唤醒自己的不再是上班打卡，而是内心的梦想，以及通过创新商业模式改良人类生活的愿望；每一个再细小的决定，都理性分析，独立判断，并为结果负责；自主选择与正确的人在一起，用正确的方法，做正确的事。所有的一切都服从于自己，而非他人，个人行为与意愿、价值观前所未有地统一。累是累，可是心里舒坦，睡得安稳，心态自然年轻！

但有一个现实必须承认，几乎所有创业者在起步阶段，在燃烧自己小宇宙的同时，熊熊燃烧的还有自己的钱。

我做公司最初的想法，就是做一个彻底符合自己价值观和审美的视频节目，以创业者和创业型公司为主体，内容形态可以是谈话、纪实、脱口秀等等，独立出品，互联网发行。在产品研发阶段，不可能有人投资，也没理由让别人为完全看不到真材实料的东西投资、承担风险，只有烧自己的钱。

我的费用主要是付给拍摄和制作团队，包含后期剪辑、包装等等，内容形态一改再改，一期十来分钟的片子的最低成本，动辄几万。短短几个月，我先烧光了自己前一年的年终奖和所有积蓄，继而把车卖了，又烧光了卖车的钱。再后面，我对房东说："这个季度的房租，能不能一个月一付？"房东先生非常仁慈，对我也很理解，同意了，他也是多年来一步一个脚印创业过来的。

在此期间，我还非常豪迈地拒绝了一份年薪大约100万元的工作。

那是北京的一家金融业公司，他们要自制出品一个金融服务类的电视节目，想找一个人同时担任项目总策划、制片人和节目主持人。基于我之前八九年的财经媒体背景和制片人兼主持人的经验，我恰好是合适的人选。很多人听说我拒绝这样的薪资，也要吐一吐舌头，跌一跌眼镜，但这种放弃在我来看，其实已经不是个事儿了。

创业的人，总要给自己描绘一幅未来五年、十年的图景，对自己构成致命诱惑。如果说那是一块蛋糕，眼前的年薪百万就只是块口香糖，嚼嚼就可以吐了。真正适合创业的人，面对未来要胸怀一个天下。

如果现在这份工作
再来找我，我会
好好想一想。☺

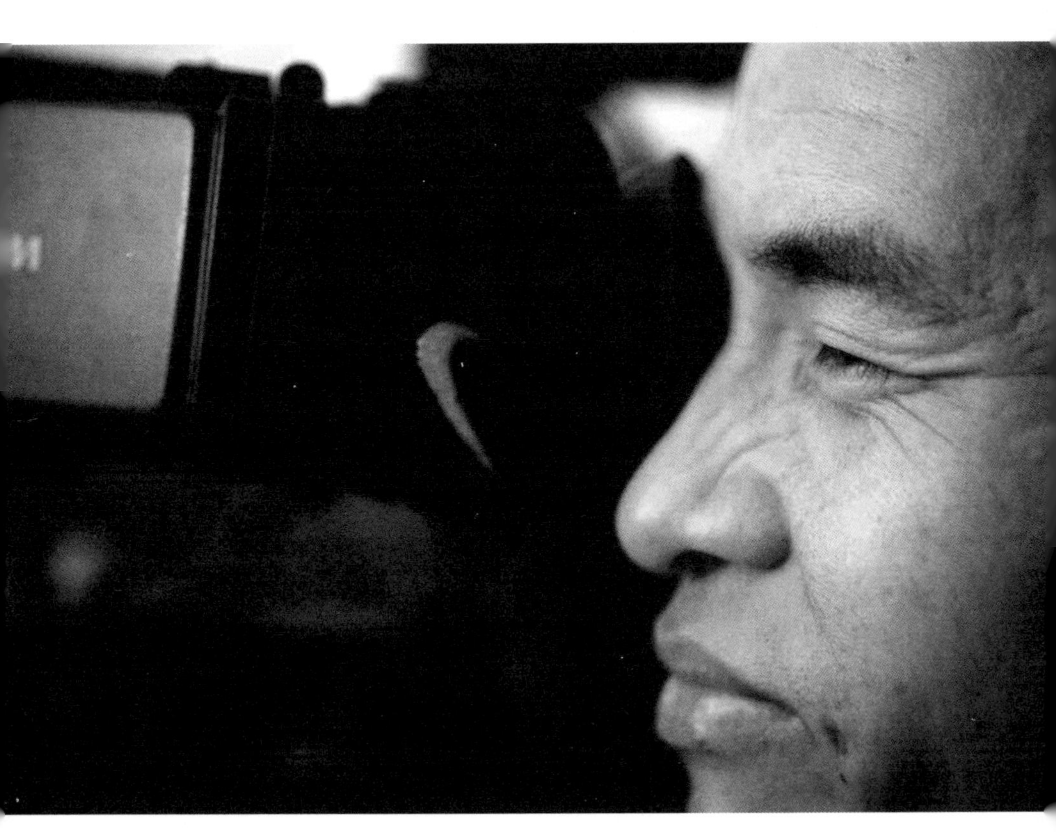

↑ 电视台摄像同事马岩在一次国际直播中正拍摄我的出镜，专注用心一看便知。

8. 我很俗俗

我出生在一个东北林区的教师之家，父母亲当年拿两份计划经济体制内的工资，用来养家糊口、买书、攒钱给孩子读大学，生活非常节俭。

但很奇怪，毕业后很长时间内，账户上 1 块钱和 1000 块钱在我的意识里构不成任何落差，1000 块和 10000 块在我的意识里有微小落差。我渐渐意识到，这种漠然的金钱观非常蒙昧，甚至可以说是个极大的人格“缺口”，它导致我多年来一直是个物质上的“穷人”。我不停地反思因果，个人觉得可能跟少年时代我爸植入我大脑的“腹有诗书气自华”有根深蒂固的联系。

至今我选择住在上海图书馆隔壁，季风书园楼上，掏光腰包买一本挚爱的查理·芒格的《穷查理宝典》，仍自觉非常富有。

另一个重要原因，可能是因为我大学专业读的是会计。我读的是国内最好的会计学院——上海财经大学会计学院。大学四年来，账面上的数字被用来交作业，而不是买车。虽然我成绩不错，也拿奖学金来着，但一直对数字有着疑虑和困惑。

我以上种种对钱财的漠视，在我不得不开口对房东说“这个季度房租能不能先付一个月”时，遭到了沉重报复。Money 一定对我深恶痛绝很久了，于是这样反击。

一个生活家可以无视金钱的重要，说自己能把一块钱也花得很艺术，穷有穷乐，一个创业者则没有权利这样说。任何生意，依赖资金启动，继而靠资本撬动、发展，如果是发明创造新产品，就更要烧钱，很可能很多年烧下去一分钱回报都看不到。有钱都未必活，断钱更是死路一条。

我感恩创业让我从小女生的梦幻世界里猛醒过来，谙悉了现实的残酷。如果“穷途末路”是人间真相之一种，我愿自己务必经历，并对未来将“柳暗花明”深信不疑。

但即便在财务状况再难的时候，我仍清醒地知道，钱的局限和“无用”。有人说钱是最没有用的，因为花完了就完了，不无道理。同时，即便是投资人给钱，也不是什么人都可以用钱来投资你。

在创业启动资金的来源上，人跟人的差别很大，没有对错和好坏，我对别人的方式方法不做任何评价。但对我来说，有三种钱我从没打算要：第一，是父母的钱，如果不是家底非常殷实的话，再感人肺腑的梦想都不值得为之影响家人的生活质量。第二，说“我看好你，你做什么我都投你”的人的钱，感动和感恩都可以有，但钱不能要，投资不是交朋友，专业和理性为好，基础的价值认同和人格欣赏是必需的，但感情主导的投资不可取，搞不好钱赚不回来，兄弟情谊也没有了，要知道情分是最昂贵的。第三，上来就问“你的商业模式是什么？”而且只关心这个的。我并不完全认同投早期项目就是投人、商业模型不重要的观点，但我觉得天使投资人还是应该有点感性和情怀。

↑ 筹备期辛苦归辛苦，但再难我也保持着运动的习惯，一有空就骑车，跑步，跟团队小伙伴买菜做饭在家里吃。任何时候，都要做自己的太阳花。

9."骑翼"的由来

女性与男性在创业深层心理动机上可能有很大不同。男人侧重缔造一个王国，去统领、征服，女性则偏重孕育一个孩子。女人到了一定年纪，本能的母性油然而生，如果没有在现实生活中生育做妈妈，很可能就会将母爱情怀“移情”到恋爱对象或事业上。

最初我一门心思想要创造、出品一个完全符合自己审美标准和价值取向的节目，其心情简直跟要生下一个孩子的心情一模一样。我跟身边很多朋友打过这个比方：“本来想把念头活生生憋回去，可是它越长越大，犹如怀胎十月，必须生！”

在着手准备公司注册的过程中，我得到了原来在《第一财经日报》的同事万里江的帮助。当时他已经是一个非常成功的创业者，并已经启动二次创业了，在做一个很棒的Co-working Space，帮助初创公司和创始人进行项目孵化。万里江长得特别青春，跟创业者们在一起之后更显活力四射，但习惯大家叫他“老万”。老万给我介绍了虹口区政府负责推动科技创新的负责人。他们非常欢迎我这样的文化创意类公司落地，所以注册流程非常顺利。

公司的名字叫什么，我琢磨了很久很久，最终只定下一个——就是“骑翼”。“骑马”的“骑”，“希翼”的“翼”。心里头装着这个名字就去了，压根儿没准备一个备选的名字。虹口区政府的工作人员帮我在工商注册的网络上一查，就惊呆了，说“我们这么多年几乎没见过就带着一个名字来注册，还一次性通过的”。我心里挺得意的，我以前帮朋友给公司取过名字，知道他们一取都取六七个，还经常重名通不过。骑翼、骑翼，出其不意。

“骑翼”这两个字，到底是在哪一个瞬间浮现在脑子里，被我捕捉到并敲定下来的，我记不清了。我喜欢有动感的意象，喜欢马、天使、翅膀……简单概括起来，这两个字的含义就是“一匹马儿跑着跑着，腾空一跃，飞了起来”。

2014年整整一年，创业大潮开始兴起，被喊得最多的就是“只要找到风口，猪也能飞上天”。从本性上，我既不喜欢猪，也不喜欢跟风去寻找风口，我希望我们的公司能自己生出翅膀，不管风口在哪儿，有没有风口，我们都能在海阔天空中翱翔。另外，我真的很喜欢西方神话中的“独角兽”，那匹雪白的头上生着一只独角的飞马。我没有追索这匹神兽在神话中究竟象征什么，但在我的心目中，它洁白而神圣，勇往直前，不受既定成规的束缚和捆绑，它有着与生俱来的巨大的想象力，奔跑和飞翔起来风驰电掣，一骑绝尘。它不与世俗中任何一匹马儿相攀比、相抗衡，它有自己的价值评判体系和行为准则，它没有对手，因为它的灵魂既无法复制，也无法被超越。

后来有一次，我在节目中访问拍摄“特赞”的创始人范凌。他是哈佛大学设计学博士，在做一个线上对接全球优秀设计师和商业项目的020平台。聊天的时候，他提到“独角兽”公司。“呀，独角兽公司是什么意思？”创业后我的一个特大进步，就是脸皮越来越厚，哪怕天下人皆知的一个事，我不知道，就会马上问。因为知道，不懂装懂才会出大问题。

“独角兽公司是成长迅猛、在资本市场上估值超过10亿美元的公司，现在的标准可能都不止10亿了吧。”范凌说。我这才知道，自己给公司取的名字又撞上了一个特别吉利的“概念”。我们为创业公司服务，我相信在我们服务的初创企业中，未来一定会产生“独角兽公司”。还有个朋友说这个名字让他联想起“马踏飞燕”，我也觉得很有意思。

现在的特赞已经融完A轮了。由红杉领投，为他和他的团队开心！

10. 做你自己的天使

2015年前后，和长翅膀的猪一起在天空密密麻麻翱翔的，还有一种生物——天使。相对于投资早期项目的机构数量，个体户天使的数量规模要庞大很多。他们主要有两个来源：一是很多优秀的基金管理人“公而优转私”，二是很多民间资本。这股“全民天使”的热潮，与2009年前后兴起的“全民PE”相比，有一个明显区别。如今的天使们看起来比当年的PE们勤奋得多，他们中的很多人自称“草根”，在彰显“早已实现财务自由”的卓越气质的同时，每天注满和创业者们一样的鸡血，疯狂地出差，看项目，出没于京沪广深各大酒店的早餐会、午餐会、晚餐会、高峰论坛、投资接洽会……

“有一天我看了 60 个项目。”一位投资过很多成功案例的天使投资人对我说。

“我这趟去了硅谷两周，投了 20 多个项目。”另一个天使说。

“当时我没有团队，没有技术，没有办公场地，就靠 10 页 PPT，拿了 50 万美金，就是说，我的每一页 PPT 价值 5 万美金。”这是一个美国名牌大学毕业的博士回国创业后的极大荣耀。

有一次我跟六个 80 后年轻人一起吃饭，他们都非常优秀，各自家族分别经营传统产业，自己也在创业或在知名基金公司任职。这六个人里面有五个同时在做天使投资，还有一个女生是投资人的助理，也在学习投资。

开始有人络绎不绝地飘过，对我说：“我要做你的天使。”

资金和项目的对接，与男人跟女人寻求配偶的对接，本质上没有不同。到处都是男人和女人，但仍然有那么多的相亲节目和网站；到处都是资金和项目，但大家仍然飞来飞去，马不停蹄地在找钱和项目。无庸置疑，在这一年里面，投资人和创业者们为酒店和航空业的业绩做出了巨大贡献。有些人是真的踏实勤奋，而有些人很快就暴露出浮夸，也就是大家所谓的“忽悠”。在这种氛围下时刻保持清醒的头脑并不容易。

创业者们，不要忘了，你的第一个天使是自己。别人或许为你

投资金钱、智慧、资源，而你投入的是爱、心血、时间、生命、未来人生轨迹的重设。

你的第二个天使，是你身边最亲密的人。或许是你的父母、你的恋人、你的婚姻伴侣，甚至你的孩子。他们投入的是与你共处的时间，与你一起花前月下的浓情蜜意，一起晚餐聊天的温存……从你开始决定创业那一刻开始，他们就在不断练习适应你的忙碌、决绝、缺乏耐心、沉默寡言、焦躁不安，甚至暴跳如雷……你开始神经衰弱、性冷淡、吃饭时不停接到工作电话和邮件、深夜被债权人讨债和第二天董事会上被投资人痛批的噩梦惊醒……后来，你可能真的改变了全世界，但不要忘记，是挚爱你的人和你一起联手改变的。

11. 有天使出没

我们的节目上出没过很多著名的投资人，看起来仿佛我整天在汹涌钱流中穿梭，很多人以为只要我创业，拿钱就一定特别容易。其实不是这么回事。很多人一看我们在做的事，就下了判断，“哦，自媒体”，心里面紧跟着飘过一句，“能有什么前途”。这句潜台词会导致后面的交流在很大程度上失效。

站在创业者的角度，我认为，一个投资人永远不应该以为自己能一眼看透你面前的创业者和他的项目。如果他那么简单，很可能还在写字楼里面打工。任何人在发表言论的时候，都应该时刻提醒自己——“你掌握的信息是不对称的。”而当你终于想起来问创业者："你的合伙人是谁？""你能调度哪些更广泛的资源？"对方很可能也武断而狭隘地下了论断："你独断专横而偏激，大家不适合在一起。"于是，好项目和好钱擦肩而过，是再容易不过的事。

还有一类聪明、强势且过往取得过优秀业绩的投资人，他们刚刚一看到你的履历和大概要做什么，就开始表现得对势态了如指掌："这个项目应该这样做……按我的意思出一个方案再回来，如果你仍然对我们的钱感兴趣的话。"这种方式不是投资，而是咨询公司混搭猎头，设计好一个商业模型，然后去雇用一个 CEO。

中国存在很多这样的投资方式，源于很多创业者并没有积淀出足够的自信和主见，就跑出来创业了。遇见一个投资人，特别看好他这个人，但是把他的项目给否了，说我另给你一个项目，给你匹配资源，你来出任 CEO，于是就去了。这样轻易就放弃自己原来项目的人，我认为都还没有做好独立创业的准备。

12. 飞速成长

在产品研发过程中，我把一头长发给剪了。

我所说的产品，指的是以创业者和创始人为题材的视频内容。我的创业并不复杂，如果说难在哪儿，那就是我在承担一个创始人和 CEO 的工作的同时，还要出镜“刷脸”。我已经不再把自己定义为“主持人”，而是创始人的朋友，在节目中跟他们友善、平等地交流，在“引诱”他们道出五味杂陈的心声的同时，也谈谈我自己的体会。多年的电视职业经验，让我深切认识到，对于受众来说，“交谈”的魅力远远大过“访谈”。

我不能像一个平常的女生那样去处理自己的发型问题，仅仅依照自己的喜好，因为我的造型是产品的重要元素。心理学上专门有一个领域研究“视觉引导”，形象、色彩等细节通通对人构成暗示，你想传递什么，就要先成为什么样子。在我的内容产品中，我想通过视觉传递女性独立、客观、专业、有主见的价值观，在整体风格上倡导清新时尚、干净利落。考虑再三之后，我选择了短发造型。

Teething troubles

创业维艰

Teething troubles

创业维艰

13. 老辣的温度
理性的常识

小米口碑营销内部手册《参与感》里有一句雷厉风行的话——“我的产品最好，你不喜欢就滚。”当然前提是已经成百上千次按照用户的需求，对产品进行了修改和完善。一次，我跟同程网创始人吴志祥聊起这个，我问：“你敢说这句话吗？”他说：“我想说的是，我的产品最好，你不喜欢，我们就继续改。”

很多因素决定着一个产品的好坏。首先是它的基因，主创人员创造它的出发点，是否是去满足市场上的刚需，解决人们生产生活中最本质的痛点。其次是创造团队的智慧、能力和协作，一个人作战是肯定不行的，要发动一群人，同时找到一个效率最高的分工协作方式。还有，就是在生产过程中就要发动用户，让他们不断提建议、提要求，甚至亲身参与到设计和生产过程当中。如今，用户和生产者之间的边界早已被打破，“嘉宾也是主人”是我在内容制作过程当中最重要的理念。我们面对的人都是优秀的创业者，行动力强，有主见，很多已经取得了极高的市场业绩和融资估值，一定不要让他们在被拍摄的过程当中，感到“被设计、被摆布”，而是要充分调动他们的主观能动性，让他们在镜头前充分展现自己的人格魅力、领导才能以及整个团队的核心竞争力。

我做了很多年传统媒体，横跨报纸、电视、互联网等领域，其中做电视时间最长。传统媒体在对报道主体的曝光效果和传播效率上，至今仍然有着不可替代的优势，但它的运作机制也导致了很多无法避免的问题。我的很多朋友，尤其是上市公司的朋友，后来讲起来都说“我对你们电视台、记者感到怕怕的”。原因是他们都被断章取义、“标题党”的报道方式伤害过，有的甚至栽过不小的跟头。

“在创业领域，上海缺少一家有温度的先锋媒体。”一次拍摄“友加”APP创始团队时，他们的CEO Frank对我说。既要有温度，又要先锋，这两者并不矛盾。“有温度”，是要以包容、博爱、欣赏的态度去看待创业者们，在表达方式上是感性的；而“先锋”，则是以清醒、冷静、客观、中立，甚至严苛的视角去审视他们，在立场上是理性的。不论是媒体还是一集节目，广义上都是一个空间，一个空间一旦具备了这两点，就可算是一个不错的空间。

我给骑翼团队定下一个目标——2015 年下半年，拍摄 100 个创业团队，讲述 100 个创业故事。在持续对创业者们进行访谈的过程中，我发现自己的语言和思维越来越犀利，讲话越来越直接，有时候也挺让人讨厌的。已经开始有人说我不像个女生了，有人拿出“雌雄同体”这样的词儿跟我开玩笑。我知道我的思维和行为都在不断发生变化。

不必担心你的锋利，最终它会像你的温顺一样消亡。那时你既不锋利也不温顺，是为“挫其锐，解其纷，和其光，同其尘”。

10. 邂逅创始人

如果你剪了短发，就会感觉满大街都是短头发的。

如果你穿了红衣服出门，就会觉得红色好像一夜之间流行起来。

如果有一天你“裸辞”，就会发现原来失业的这么多。

如果有一天你决定创业，就会惊讶这世界上怎么人人都是老板。

我开始频繁接触各行各业的创始人，从商业价值、人物魅力、故事性、颜值等方面衡量，甄选适合报道和呈现的对象。当你没有任何成品拿给人看，大家也都不知道你到底要做什么、能做成什么样子的时候，自然是我要主动去找人家。幸运的是，大家都很愿意帮忙，做我的“小白鼠”，陪我一起做实验。

第一个认同我做的事情有价值，并愿意投资时间帮助我的是富翔。他是一名导演和制作人，钟爱电影。我们经由一个共同的朋友介绍认识，当时他已经在制作一个影评脱口秀，同时和几个伙伴在实施一个悬疑题材的互动电影项目，做得已经很有样子，在找投放平台和投资了。我们经过几次深入沟通达成共识，初期他愿意调动他的朋友们，参与我的拍摄和后期制作。我一度试图说服他加入我的创始团队，他不肯放弃他自己的事儿，说：“婷婷，我跟你一样，也是有情怀的。”我听了这句话，就不再说什么了，但内心对他日后投入时间精力为我提供的一切帮助，充满了感激。

第一个该拍谁呢？

“最闹的那个。”1984bookstore 的创始人殷果说。

“好，就你了。”

殷果从前在广告界，在一家广告公司担任创意总监，后来不知道脑袋里哪根筋扭了一下，就决定辞职不干了。他在湖南路上花很便宜的价格，租下了一个带庭院的老房子，一签签了五年。一开始，他想把这房子做自己的工作室，后来书架上渐渐堆砌起很多书。有人来看书，要喝咖啡，于是做咖啡卖给大家喝。后来，这个地方就成了一个可以买书、看书、聊天聚会、移动办公的场所。

殷果看起来很静，但脑子里面很闹，经常讲一些朴实无华又奇形怪状的话，比如“防空洞就是防空洞”，“一扇门只有在经过它的时候才知道它是打开着的”。我第一次看见他，他坐在院子里面一个人泡茶抽烟斗，样子像一个三十多岁的老朽。富翔对他很“感冒”，两个聊得很欢。后来我发现，能创造并经营好一个创意咖啡馆的人，内心要有巨大的犹如咖啡馆一样的空间，容纳很多行云流水般的人。流水的客人，铁打的咖啡。而我的节目，本质上是一样的，流水的创始人，铁打的我。

1984在商业模式和发展空间上，不仅仅是个咖啡馆。2015年年初，许知远等人一起创办的单向街书店很火。

“直到天花板的书架有30米长，大约需要20分钟，你才能从这头走到那头。如果你赶上阳光明媚的日子，在此过程中，大约会有十束阳光暖洋洋、懒洋洋地打到你身上。冬日里晒晒太阳，身边偶尔经过像春天一样的姑娘。”据说许知远自己这样描述单向街。创始成员持续亏钱供养单向街多年后，原搜狐网内容主编于威加盟，推出新媒体平台“微在”APP，其间获得过千万美元投资。

我想跟创始人探讨如何从一个实体衍生出一个在线社交平台，

↑ 摄 影 / 于婷婷

这与殷果的理念不谋而合，于是我们邀请了另一位互联网思维和实战经验都很超前的人——青年茶社创始人季烨。他创立的机构运用互联网思维颠覆了传统线下聚众社交方式，他用零成本在一年之内组织了一万场活动，据说固定人工只有两个人。

当时凯文·凯利的《失控》一书在中国炙手可热，KK 本人也频繁来中国演讲。我很早就把这本书读完了，跟季烨聊起，他谈的比我见过的所有崇拜和熟悉凯文·凯利的人都更深入、彻底。“你是 KK 的粉丝？”我问。“说我跟他在思想上并驾齐驱也不为过。”我被他的回答逗乐了。我喜欢张狂得有自知之明的人。

录制当天，有点冷。那是春节之后，季节上是初春，欲暖还寒。我们约好 9 点碰头，这个时间对大家来说有点早，尤其是老板，因为他们每天 10 点开门。我途径上海当年法租界最有名的包子店，买了两袋包子，给大家做早餐。

有人已经在店里做咖啡了，季烨途径小门背后的狭长走道，和走道里立着的一架老古董脚踏风琴，风一样地走进来，脖子上系着一条蓝色羊毛围巾。

我们在室外整整拍摄了三个钟头，聊得很开心，喝了很多茶，抽烟斗的在镜头里面自顾抽着烟斗。我们的内容中有很多干货，包括创始人最初创立这家店的因果关系、周折误解，乔治·奥威尔那本著名的幻想小说《1984》，互联网精神，如何利用一家店实现“立面赚钱”（比如在墙面上张贴广告，在空间内进行产品展示），季烨在青年茶人计划中践行的高等数学“幂律分布”理论，等等。

那天一堆人忙活到下午 3 点，才想起午饭没有吃。收工后，我们走路去乌鲁木齐路找吃的。季烨没时间吃饭，接着赶去开他下一个会了。分别时，他说：“我们这种人，吃的是朝霞和晚霞。”

我用了这么多字，讲述我的第一只“小白鼠”，很重要的一个原因是，我对它心怀亏欠。那天拍摄的内容至今没有问世，虽然我跟富翔私下里反复加工提炼，看了很多遍，但还是不满意呈现形式，觉得有必要在结构和设计上推翻重建。当然，也有创始人的关系，老板后来把店面重新装修了，其间因为操心又辛苦，狂瘦了近 10 斤，比原来帅多了，要求重拍。

后来我在我们的节目《婷婷创立》中访问一个科技公司的创始人，他用了五年时间，开发一个产品，其间九拨技术研发团队因为失去耐心和信心，离他而去。他当过兵，做过警察。他的第一个技术团队在一个破工厂的厂房办公，他对我说：“当时我就清楚，这个团队就是用来牺牲的。”

我们有多少时间、精力、钱财，为了最后孩子的降生而牺牲掉了。

真爱不言牺牲。那只是我们的选择。

让涂指甲油的先生

他的名字特别适合在我们的摄影团队中负责布光，他叫“赵明”，负责照明是不是很好？

我先认识的是他的投资人，严力先生。严力从今日资本出来，创建投资机构钟鼎资本。有一次聚会聊天，聊起我要做创业节目，他的合伙人孙艳华灵光乍现：“那我们就合作一个，你叫婷婷，我们叫力，节目名称可以叫《力挺创业者》。”

这是个非常不错的主意，于是我登门拜访，到他们办公室的时候，正好碰到他们刚投资的项目Miss Candy健康指彩的创始人赵明，在会议室陈述项目进展。赵明长得光明正大，非常阳光，对事业坚定执着。他们当时在探讨未来产品的市场营销策略，严总幽默地“嫌弃”创始人的模样和气质都少了一丝“邪恶”。

消费领域投资无法不关注已经兴起的90后大军。他们独立自我，拒绝逢迎，随时说“No”。这一代人很难统一信奉什么主流价值观，每个人都主张独立见解和让自己快乐的行之有效的生活方式。他们真诚、坦率、不屑于说谎，雇主用金钱很难激励他们，因为很多人生来就带着“两套房子”。你只能钻到他们心里去，寻觅他们真正喜好的东西，给他们，才能构成诱惑，继而形成“购买”行为。很多投资新一代消费领域的60后、70后投资人开玩笑说：“赶紧找个90后女朋友吧，我要知道她们究竟需要什么，怎么卖东西给她们。”

赵明是亲自涂着自己研发的指甲油去见的投资人，就这个细节打动了金主。我决定带摄制团队拍摄Miss Candy创始团队。他们的公司总部在杭州。那天下大雨，我们驱车四个小时赶往杭州，我还感冒发着烧。

Miss Candy的团队非常年轻化，以90后为主。公司的办公室风格青春活泼，墙壁涂着明丽色调的油漆，不同的区域有不同的主题。还设有一个书吧，里面有舒适的沙发，可以喝咖啡打桌球。想要留住和取悦90后为你卖力工作并不容易，怎么做？我跟很多老板探讨过。“给他们想要的。”“让他们爽。”“不要管他们，放任自由。”这是我得到的一些回答。赵明在这方面显然下了不少功夫。

2014 年发年终奖，他们公司有两个 90 后的设计主管，得到的是价值十几万的汽车。这个主意好极了，如果发的是钱，花完了就花完了，人在花钱的时候也从不记得钱的来源，只记得这是自己赚的。奖一辆汽车，每次带家人兜风，记得一次“老板奖励的”，到机场接机，跟朋友炫耀一次“老板奖励的”，能念念不忘很多次，既是荣耀也带温度。

创始人分几种，产品经理出身的、销售经理出身的、战略规划师出身的。赵明属于第一种，在产品研发和设计上下了苦功。最初，他做一家全球知名指甲油品牌的代理，发现女性指甲油市场存在几个痛点：第一，每次去指甲店涂个指甲油要花个把钟头，浪费时间；第二，多数品牌指甲油含有对人体健康不利的化学成份；第三，卸甲油很费力，不能经常换颜色。于是他引进美国专利技术，研发了一种女性十分钟就能 DIY 的指甲油，涂上去两天之后就能像撕塑料薄膜一样撕掉，另换颜色，有 360 多种颜色可以选择。他们公司的几个男孩子，为了跟用户一起体验产品，也整天涂着不同颜色的指甲油来上班。

这次拍摄我们决定尝试更有创意的设计方案，引入“两个房间”的概念。在公司实地拍摄之后，我们将有趣的素材剪辑制作成短片，随后又找了一天时间，录制创始人访谈，重点呈现创始人的人物性格、创业经历、商业理念。那天我们把 Miss Candy 的投资人严力先生和另一位投资风格鲜明的天使投资人 LEO 王利杰以及我的好朋友、时尚设计界导师费雯俪邀请到现场。我在一个空间跟创始人聊天，他们在另一个房间通过实时传送在一个超大屏幕上“偷窥”我们的谈话，而创业者自己不知道有人“偷听”。然后，投资人当场分析项目好坏，拍板决定在公司下一轮融资中会不会跟投，很有点视频路演和现场众筹的意思。

那天严总和LEO在项目评估上产生了分歧，LEO的投资风格比较激进，渴望寻找黑马项目，觉得Miss Candy的创始人太四平八稳了，项目在市场上也难有爆发力。严总因为之前做过比较充分的尽职调查，对项目有更多了解，总体还是力挺的，但也非常坦率地指出了创始人和项目的问题和不足，完全不“护短”。

这次录制大家都很投入，也很辛苦，在明知节目不一定能播出的情况下，陪我们花费了大半天的时间。除了节目上的嘉宾，投资人May女士为我们提供了她们的老洋房工作室做拍摄场地，制作人Jeff和他的团队不遗余力地提供技术设备支持，都让我非常感动。可惜的是，这次录制的素材后期发现因为场地和设备问题，声音不合格，完全不能用。经过反复推敲，我和导演团队对这次的节目架构和设计还是不满意。

又一次尝试被推翻。不过没关系，正是很多次失误孕育了对的方法和选择，重要的是缩短错与对之间的距离。

后来赵刚的公司和品牌Miss Candy发展非常迅猛，我一直想请他再做一回《赢在创业》的嘉宾。

T STARTUP

16. 你需要我吗

纽约有一个特别著名的理发师，想做好事，就免费去街上给乞丐理发，本来蓬头垢面的乞丐们看上去焕然一新，特别感激这位理发师。

过了几天之后，乞丐们开始烦恼了，他们的发型改变之后，乞讨收入大幅下降。

你以为你的产品和服务最好，但真的是他需要的吗？这取决于两点：第一，你的东西是不是真的好；第二，你选择把它提供给谁？

我们邀请创始人和创业团队制作视频节目，是他们乐意参与并需要的吗？很快，事实证明答案是 YES。开始有很多投资人朋友向我推荐他们投资的创业者。有一次，LEO 把我拖进他们天使基金投资的一个三百多人的群里，介绍我是给创始人拍摄视频的。我的微信账号在一天之内被上百个创始人朋友添加。这种被需要的感觉太棒了！我意识到我们做的事情一定是有价值，并且存在刚性需求的。

“你们为什么需要我？”我对很多创始人问这个问题。

“品牌需要曝光。”

“产品需要推广。”

“创始人个人魅力、理念需要被广泛认知。”

“我们的商业模型需要被更多投资人知晓，公司亟需融资。”

这是我得到的回答。很好。

很多人已经看到了这些需求，并且在做了。我得到过很多反馈，大家对我说：“有人在做跟你同样的事情。”有一次我在一个创业公司的黑板上看到这样一句话：“不要因为存在泡沫，就不去创新。”我立刻问，这句话谁写的。当时同事们说那个男生出去了，如果他在我一定要认识他。

不要因为存在泡沫，就不去创新。有泡沫是合理的，泡沫周而复始地生发、破灭，真正有意义的创新却将永存，并不断自我翻新。

不要因为害怕有人在做同样的事，就不去做这件事。所有人都在生孩子，孩子只分两种，男孩和女孩。很多人生了男孩，你就不生男孩了吗？你生的不一样，有你的基因、你的灵魂、你的爱，跟你姓。

所以，多少人在做看起来跟我同样的事，跟我做不做这件事，半毛钱关系都没有。这一点我想得非常透彻。

在内容研发阶段，我拍“友加”。“友加”的创始人团队要送我一块苹果手表，说：“婷婷，你们的团队太棒了！我想每个人都送一块，可是太贵了，先送你，这是我们的一份心意。”我收了。我是替我的团队收下的。心里想着，以后我要把所有爱我们的创业者送我们的礼物，都一样一样摆在一个大玻璃柜里，供着、瞻仰、提醒，提醒我们彼此相爱，诚心诚意在一起，共同成长。

我跟我们拍摄的创始人说：“我们团队的小伙伴很不容易，这位复旦金融系的高才生行风同学，复旦登山队队长，前新浪支付产品经理，跟我创业，半年没拿一分钱工资。我们的名片都是他设计的。今天他催我找钱，说一定要买设备了。”

友加 CEO Frank 马上说：“婷婷，我们出钱给你买设备。”我当时就笑了，没说话，但内心的情感复杂得无以复加——感激、感动、光荣、落寞、自我同情……好像处在很大的困境当中，又完全不 Care。创始人 Frank 这句话我会记一辈子。当然我们后来没要他给我们买设备，因为我们有钱了。但如果没钱，我真的会让他给我们买设备的。

如果我们真的被需要，就意味着我们做的事情真的能创造价值，那么路上遭遇的任何困难，都不是事儿。凡真正有价值的事情注定能够长久——这是我的信念。

17. 你是个女的

虽然没有人说破，但我相信性别歧视是所有女性创业者心中很大的一个“隐痛”。

曾经有一位多年来我一直信赖、欣赏，也从他身上学习到很多的男性，在我决定创业的时刻，对我说：“你要家世没家世，要背景没背景，要钱没钱，你凭什么？”他充满忧虑的眼神，好像正眼睁睁看着我一条腿跨入一个万劫不复的深渊。我看懂他的意思，最重要的是一句没有说出口的潜台词：“你一个年轻的姑娘家，还能凭什么。”

为此，我选择永远离开他。他没有错，这是社会问题。我选择离去是我们之间出了问题，这个我信任的人不了解，也不信任我，不配做我的朋友。

后来我听多了类似的言辞，再也不会为此离去，我学会了“看清，接受，做自己”。

“你赶紧结婚吧，不然是社会的不安定因素。”

“你别像个汉子似的，内心可以强大，外表还是要女人一点。”

“女性创业，多一条皱纹少一抹笑容都让人沉痛。”

“明明可以拼脸还有胸，明明可以拼胸还有腿，明明可以拼腿还有脑。”这句话来自容么么的创始人Lily，我非常欣赏她，这是她说我们这种人的话。乍一听既好笑又荣耀，细品品，落一地无奈。脸、胸、腿……这是男权社会根深蒂固的对女性的认识，认为女人最应该具备的。这些项目中不包含脑。

Lily说她遇到过一个投资人，说她们的项目本身很好，但不会投，理由是两个女人创建的公司不够阳刚——她和她的合伙人都是女生。

电影《实习生》讲了一个女性创始人的故事，其中也涉及了一些性别歧视的话题。主人公创建的公司是销售女性服饰的网站。

规模扩大以后，想招聘一个更有管理经验的人做CEO，一个男性职场精英在面试的时候，嫌弃她们是“女人窝”。

虽然时代变了，无论技术、工具，还是观念的进步都一日千里。但女人太努力、太拼命、太优秀，仍然让人感觉怪怪的。但凡女性取得卓越成绩，人们往往会觉得她利用了“自己是个女的”，包括很多女人们也这样想。但男性卓越，没人会觉得他利用了“自己是个男的”。

我还遇到一些投资人，觉得你的项目再好，但因创始人是未婚女性，就担心你会做到中途就结婚生孩子去了，会因为这个而放弃投资。这对于投资风险的把控是合理的，但放在全社会来说，这对于选择创业的女性来说的确是很大的不公平。

有一次在节目中，我专门请两位创业的女性和一位男士讨论了这个话题。其中一位已经做妈妈了，她还指出了家庭生活给创业女性带来的压力：“比如一个男人创业，家人和社会理所应当就觉得他不需要做家务了，但一个女人创业，哪怕在外面做得再成功，如果回到家里不做家务不带孩子，丈夫，包括丈夫的母亲都会觉得，要你这个女的有什么用？”在节目中说这话的是钛媒体的创始人、CEO赵何娟，她用三年时间带领团队将钛媒体打造得非常有影响力，她同时也是一位美丽妈妈。这样的话，让一心想为社会创造更大价值的女性听起来，真是让人有点儿难受。此外，还有在西方已经得到重视，但在中国社会经常被忽略和回避的职场性骚扰问题，也都给想在事业上追求一席之地的女性造成了极大的阻力。

“渐渐地，我发现坐在办公室里的只有我一名女性。”谢丽尔·桑德伯格在《往前一步》一书中这样写道。 性别歧视在全世界的职场都存在，我甚至非常悲观地认为它将永远存在。但是我们有必要说一点和做一点什么，让情形不断变好。我相信如果有男士的配合，以及女人自身的努力，一个优秀的职业女性是可以同时做一个好妈妈的。

18. 创业维艰

很多人说，跟十年前相比，现在的创业环境不知道好多少倍，风险也小了很多。我并不这么认为，活下来很容易，但活得好坏差别很大，每一个人在选择创业的时候，想要的一定不仅仅是活下来，而是做出一些卓有成效的改变，做大、做好、做强，在社会价值和财富积累上都能有所突破。今天要实现这些，并不比十年前容易，一个创业者在心理和现实中要承受的压力，一点不比从前小。

本・霍洛维茨在《创业维艰》一书中记录了这样一段对话：

“你知道创业公司的最大好处是什么吗？”

“是什么？”

“就是让你体验两种情绪：欢乐和恐惧。我发现，睡眠不足会令这两种情绪更加强烈。”

同程网创始人吴志祥曾经给我讲过他们引入腾讯5亿元投资的情节。“这么大笔钱到账当天，我们几个合伙人只激动了一个小时，紧接着就又陷入了焦灼，考虑这笔钱究竟要怎么花。”

我发现了一个很有意思的现象，很多创始人在从0到1的起步阶段，都变胖了，而且不是一点半点，是真的长胖很多！这叫“过压肥”。人在心理压力增大的时候，自我控制力往往减弱，包括对食物等诱惑的抗拒力、对自我情绪的控制等等；另一方面，睡眠不足或睡眠质量不高会降低新陈代谢率，导致变肥。

当启动两三年后，公司的运作逐步走上轨道，创始人开始有时间运动、健身、变瘦、塑形。我要是投资人，一定会从一个创业者的体重和身材上对公司运作情况进行判断。

我也没逃掉“过压肥”，我最身心俱疲时的体重，比一年前做一个舒服的打工仔时增加了近10斤。好在我要经常在节目中出镜，必须要控制身形，不能让脸太大。这既是一个难处，也对我构成了一个很好的制衡。一旦发现自己体重有“超标”迹象，就赶紧去健身，恢复到一个看着顺眼的动态平衡。

在我把车卖了，投钱进行视频产品研发的阶段，我的个人账户里最少的时候只剩下几千块——放在以前还不够买一件衣服。从前我买衣服的频率是每周一次，创业后是半年一次。一是根本没有时间，二是没有钱。其间我们在精力允许的情况下，也有些能够产生现金收入的项目，赚来的钱除了继续投入产品研发，负责打理财务的行风同学都留给我周转，自己还是不拿一分。他住在复旦大学的教职工宿舍里，开销甚少。我从来没说过一句“谢谢”。

创业伙伴之间是生死存亡、患难与共的关系，如果需要说感谢的话，那就还不够。一句“谢谢”太轻浅了，真正的感激是不用说出口的。所以别轻易对你人生中的合伙人说“谢谢”，不管是事业的合伙人，还是婚姻或生活的合伙人，天天需要把“谢谢”挂嘴边的，那只是你的“雇员”。

19. 天使飞来飞去

第一个在一小时内拍板说要投资我的天使是 LEO 王利杰。LEO 曾是我节目上的嘉宾，我们第一次见面就是在我的工作中，他对我的印象好像是“非常认真、拼命和执着”。作为一名接近 80 后的天使投资人，他以勤奋、在互联网领域广泛播种，以及曾经长得酷似林志颖而著称。

他的勤奋是大家有目共睹的，这点我挺欣赏。这本书写到这儿的时候，他刚刚从硅谷看项目回来，飞机上八个小时笔耕不辍，写了篇几万字的文章，聊他最近脑子里“翻来覆去思考的几个问题”——“聊聊资本游戏，聊聊人性，聊聊女人，聊聊科技创新、机器人、创业和冒险、投资哲学和生命的意义”。这篇文章在他发出的五个小时后被阅读了近 8000 次，可见他有不错的人气。

“以你的勤奋程度，还远远没到跟别人比拼智力的时候。”他这么写。

他刚刚在硅谷投资了个项目，帮助美国国际留学生，尤其是华人毕业生做岗前培训和求职辅导。创始人是位 90 后的姑娘，在普林斯顿大学拿到金融硕士学位后，在摩根士丹利工作了一年，然后辞职创业。据说这个姑娘从高中开始打魔兽世界，打到 2011 年代表国家队拿下了 DOTA 电子竞技女子组世界冠军。她勤奋地学习、打游戏、创业，从那个时候开始每天只睡四个小时。很多人会问："每天睡四个小时真的可以吗？"这姑娘回答："你要相信这个世界上就是有人能每天睡四个小时。"

运气当然重要，但真正勤奋的人肯定没想靠运气，运气哪里靠得住呢？先靠勤奋，足够勤奋了之后再拼智商和天赋。"从没见过一个足够勤奋的人抱怨运气不好。"这是富兰克林说的。

我清晰地记得我第一次约 LEO 谈我的项目是 2015 年 5 月 1 号。我当时计划 5 月 8 号再尝试录制一期创业者节目，仍然想邀请他做嘉宾，想跟他商量节目的制作方案，同时聊聊我的项目，因为当时知道他非常看好视频和创业媒体的发展。

那天正好是"五一"劳动节法定假日，所有人都在休息或出去度假了。LEO 碰巧也是出差去硅谷，中午才下飞机。一见面我问他："你还有时差吧，休息了吗？"他说："我下午已经开好两个会了。"

基于我们前期已有的合作和了解，这位天使对我的态度非常友好，也认同我做的事情，并且给我提供了一些未来可以选择的发展方向做参考。不过他当时给我的估值比较低。这不能怪他，

↑ 摄影 / 于婷婷

当时我都还没有成型的团队，跟他谈的时候连个 PPT 都没拿，他愿意拍板投我我已经觉得很感激了。他们投资团队近期在美国投的项目，也都是广撒网捕捉一些超高性价比的项目。不压价的投资人不是好投资人，逐利的资本才是负责任的资本。

后来，我很快见了 LEO 投资团队的另一位合伙人 Mark。Mark 的星座用他自己的话说，是“非常不性感的金牛座”。那天他告诉我，他们投资团队的四个合伙人中，有三个家里有癌症病人。因此他们非常注重投高科技创新项目，尤其是医疗领域致力攻克癌症的项目。

“我们投早期，相对于项目本身，更注重投人。有的人只要我们看好，哪怕当下他做的项目我们明知道不会成，我们也投，因为这个人注定成功，在他成功的路上，需要有人为他的情怀买单。”Mark 这段话让我记忆犹新。

他还给我讲了一个他们投资的团队，做智能自行车的，只投了很少量的钱。创始团队的开销非常节省，招人的时候也招那些冲着情怀来的，而不是冲着钱来的，认为这样的人才有可能长久在一起。Mark 给我看他们招募人才的文案，是这样写的：

“我没有看过海贼王，对海盗本身也没那么了解，只是我觉得把我们比喻成海盗是很恰当的，因为我们是创业者。

世界上有很多风险规避者。他们精打细算利弊得失，然后才决定是

否加入一家创业公司。除了考虑股票期权还要考虑工资，以及公司估值。他们可能是很棒的工程师、设计师、营销人员或高管。但他们不是创业者。他们和其他人没什么不同。

为什么会有人愿意当海盗呢？我想他们的回报只有痛苦深渊。你不大可能靠当海盗发财，并且很有可能被淹死、被吊死、被枪毙，各种不得好死。和数百名海盗住在一艘船上的日子肯定不好过，哪怕对船长来说也是如此。

但在我的海盗世界里，这些人完全不屑风险规避的那套理论。和其他人不同，他们冒险之后，依然渴望冒险。财富只是冒险的理由之一，真正的回报是海盗生活本身。

我不在乎你是否腰缠万贯。如果你没有创过业，没有拿你的经历、金钱，甚至婚姻去疯狂地追求自己的事业的话，那么你就不是海盗，你不属于这个圈子。

我们认为创业最重要的不是项目不是资金，而是人。一个稳定的，在关键时刻顶住的团队是成功的关键。我们坚信：世界上只有一种失败叫做半途而废。

你是不是也想和我们一样，成为一个有意思的人，一个有故事的人，一个在角斗场流过血的人。”

Mark 说他每次看这段文字，就会半天睡不着觉。这段文字当场把我给看哭了。

创业以来，我的心肠越来越硬，也越来越软。

20. 不要试图向别人证明

人都难免虚荣，不排除有些人是因为虚荣而创业，想要向自己的朋友、父母、恋人、伴侣、孩子等人证明，他也够聪明，有足够大的人格魅力在一小时之内打动投资人，足够坚持，等等。

在创业的动机中，最应该排除的就是虚荣。创业是选择题、判断题、解答题、实验题，唯独不是证明题。如果你抱着非要“证明自己是对的”的心态，就可能执迷于自己曾下的错误判断，不愿意换方向改正，那么必死无疑。

在一个职业雇员的心态上，要努力去证明自己是好的，通过工作行为向雇主证明自己比别人更勤奋、聪明、专业、敬业，从而实现加薪晋升。但作为一个老板，没人要看你的“证明”，你只有自己不断审视自己，并对自己所有言行掩盖下的道德、品格、价值观等层面发生的动摇“明察秋毫”，不断自我修正。

我从一开始的起步阶段，就在时刻警醒于自己的虚荣、贪婪等人性的弱点，是因为一路上真的遇到很多人生和创业的导师，他们是过来人，经历过人生奋斗和商战争夺中可能遭遇的一切，亲历过关键时刻人性的摇摆可能造成的巨大损失。“你的底层建筑的扎实程度，是真正决定你能走多远的要素。”在初创阶段，试错是最不需要成本的，因为本来一无所有，没什么可失去；一旦做大，一个不够正直的决定就可能导致全盘皆输。

财富是什么？归根结底，货币、商品、劳动力，只是财富流动的中间载体，它们都不是财富本身，真正的财富是资源配置和调动的权力。把眼光放长、视野放宽，我们就不难发现，在任何一个国家和历史阶段，老天一定是让最有助于实现资源优化配置、最大范围内对社会发展有益的人掌管财富。这些人慈眉善目，本质上正直诚实，看看面相就知道了，没有一个功成名就、受人尊重的人面目可憎。

品德用来积淀，财富用来流转，所以先修炼自己的品德。而这些都是一个人孤独的修行，与他人无关。

21. 微妙质变

我发现自己逐步在发生一些质的变化，越来越没有脾气，越来越少动用情绪。

刚开始和摄制团队协作的时候，我还经常因为质量不够高、速度不够快而恼火，动不动就大声讲话、抱怨。有一段时间每次开工之前，我会特地叮嘱大家：“待会儿干起活来我要是态度不佳，请不要介意，永远对事不对人。”小伙伴们会非常淡定地说：“知道，我们习惯了。”这其实非常不好，我骨子里是个推崇“优雅”创业的人，高声讲话让我对身边的伙伴们充满歉疚，而心理学上，“歉疚”是所有情绪中负能量级最高的。

后来我发现自己慢慢不再高声讲话了。我并没有特意去改正，就是渐渐从容、不慌不忙起来。一定是因为被现实调教的，知道了“着急没用”。着急没有让别人拖欠我们的款项提早一天到账，不能让投资人对我的估值提高一分一厘，不能让我看中的人放弃自己的原定计划来做我的合伙人。每一件事态的进程都有一个关节点，很多时候你看都看不到，更不能左右。这时候就要放下，让事态自己去滚动，不妨冷眼旁观。把自己拾掇好了，一开始对你爱搭不理的人就自己回头跑来找你了。

“你想得到什么，唯一能做的就是努力使自己配得上它。”这是巴菲特的合伙人查理·芒格毕生的箴言，也是我笃信的真理。所以如果你没有得到什么，一点都不要生气，跟别人没关系，是你自己还配不上它。想明白这点，也就明白该怎么做了。要么放弃你的“想要”，要么加倍努力去使自己配得上。

有意思的是，我们最初选择创业，是为了不肯服从，为了最大程度保有自己。后来我们恰恰最大程度改变了自己。幸运的是，一切都是好的改变。

22. 别忽略最爱你的人

人在进入一个专注而进取的通道后，很容易忽略身边的人，尤其是最爱你、对你最包容的人。母亲常常在我开会间歇或我思考问题的时候打来电话，无非是问，“你吃饭了吗？吃什么了？”其实只是想听听孩子的声音。我哪怕在一个人的时候，也总在思考，事情该怎么做、跟谁合作，我喜欢先在脑子里盘演接下来可能的局面。一打岔，思路就断了。有一段时间我在电话中不断试图说服母亲，“妈妈，真的不要再问我吃什么了，因为我真的忘了。”

客观讲，父母对孩子的认知和表达爱的方式，应该不断调整和与时俱进。中国的家长总以为自己生的孩子就永远是自己的，孩子也永远是个孩子。这是错误的观念。好的爱一定不是情感上的过度依恋，而是用恰当的方式表达他真正需要的爱。中国的上一两代父母总习惯说：“妈妈愿意为你付出一切。”这是时代的烙印。他们在从小清贫、物质生活条件得不到满足、没有充分安全感的环境中成长起来，总希望自己的孩子不要再受苦，把自己最好的东西都给孩子。但时代变了，孩子们在今天的时代，可以通过自己的努力去赚得一切。

我希望所有的女人，永远别对你的孩子说，“妈妈为你付出了一切”。让你的孩子看到，你把他生下来、把他健健康康养大的同时，没有在追求自己的漂亮人生上做任何牺牲和妥协。

但情感上我不能要求妈妈做这些，我们是不同时代的人，我只有尽量引导她，同时接受她爱我的方式。她做的已经足够好了。后来她看我实在太忙，讲电话总是短短几句，就说：“快去忙吧，别耽误你太多时间。”

七月的一天早上，我在醒来之前做了一个梦。梦见母亲，和我相互拥抱着，好像在缓缓跳舞。她看着我的头发对我说：“你的头发什么时候这么长了，不是短的吗？”其实我当时的头发很短。

醒来后我觉得这个梦好奇怪，就好像远在故乡日夜想念我的妈妈要对我示意什么。我马上从床上坐起来，绞尽脑汁地想，一下子想到母亲的生日。这么多年我离家在外，从来没有忘记过母亲的生日，尽量每年都会给她寄生日礼物，有一年是托我的发小，在生日当天给她买的蛋糕和鲜花。其实她的生日很容易错过，因为是按照农历过的，是农历五月二十四这一天。我马上手机上网查万年历，心想：“糟糕了，这次一定是忙忘、错过了！”

谢天谢地，这一天居然是农历五月二十三，明天就是母亲生日，我居然没有错过。

一个人在精神上彻底脱离对父母的依赖并不容易，需要与他们在亲子关系之外建立成人关系

23. 因为屋下你赐予我的名字

“于婷婷”这个名字是母亲给取的，这里面有个很好笑的故事，我靠着这个笑话活了七八年。

据说我爸特别想要一个儿子，在我出生前就把名字取好了，叫“于人杰”——取义李清照的词“生当做人杰，死亦为鬼雄”。这位昔日的文艺青年想得真够远的。我出生后，户口本上就是“于人杰”这个名字。但家里人一直叫我妈给取的小名“婷婷”。

后来要上小学，母亲觉得大名实在是太男性化了，女孩子叫不好听，就把户口上的大名改为“于婷婷”，现在上面的“曾用名”一栏还是“于人杰”。

大一那一年，我在学校里第一次跟同学一起过愚人节。那是我有生之年最强烈地感受到“幸好！有惊无险！”我的母亲实在太明智了。

从小到大，我们每个人都写过无数次自己的名字，在作业本、考试卷、门诊挂号单上。我最满意老天的一次安排，是在 2015 年母亲生日这天，我郑重地签下她赐予我的名字——在我所创立的公司的第一份战略合作协议上。第二天，就有一笔可以让我们做很多事情的启动资金到账了。

这家与我们达成战略合作协议的公司，愿意在一年之内以一笔资金支持我们启动创业计划，不收取一分钱的利息，但在我们正式启动天使轮融资时享有优先权力，以该轮融资估值同等价格认购骑翼文化的股权。这对我们是非常大的支持。

对我来说，有一些钱如果不能用来创业，即使别人主动给你，即使在财务最为艰难的时候，也不能要。比如，一个人以朋友的身份跑过来说：“我相信你，我愿意支持你，拿去！”友情是友情，信任是信任，商业是商业。如果一个人是你的爱人，他很有钱，你自然可以用他的钱改善你的生活，尝试实现你的梦想。如果不是爱人，传递友情的方式有很多种，送花、送一份生日礼物、请吃一餐饭…… 但不包括借钱创业。但凡商业上的投资都有风险，一旦创业不成，专业的投资人会顺理成章地与你共担后果，而掺杂了情分的钱，你则不知道拿什么去还。用感情、用愧疚去还，你将付出更大的代价，人家还未必认为你还得清。凡事，要纯粹和清晰，才有美的样子，对于未来势态的演变，自己也好掌握主动权。

缺钱一点都不可怕，只要你够聪明和勤奋，资金很快会向你聚拢。丧失了主动权才是最致命的。“我不知道未来会掌控什么，但我知道未来掌控在谁的手里。”奥普拉在最艰难的处境中，曾这样说。

我在母亲生日那天，签下我的公司成立以来第一份，也是我人生中第一份战略合作协议的时刻，感到非常欣慰。虽然我忙得没时间陪伴在妈妈身边，但我相信这是一份足够好的生日礼物，她不会失望的。

一个人在成长的过程中，如何从精神上脱离对父母的依赖并不容易，需要与他们在亲子关系之外建立新的成人关系。

20. 我的邻居
——珠宝设计师王增

在公司搭建团队、对接资源、筹备融资等工作进行的同时，节目制作也在按部就班地进行，每周出一期。但还没有正式在网络平台上线，我先利用自己的个人微信公众账号进行试播，打算等备片的质量和数量都能过关之后，在公司的微信公众账号和几家视频网站同步上线。

有一次我早上跑步回到小区院子，看到一个个子高挑、举止优雅的女孩从我家对面一个小门出来。我一眼瞥见门里是个别有洞天的小院落，里面花花草草，漂亮舒服极了，就上去打招呼。一问，才知道她是一个跨界体育和设计的珠宝设计师，独立品牌创始人。我决定带我的团队来拍摄访问她。

那是“灿鸿”台风登陆的前一天，我们谁都没有停下奋斗的脚步。

早上10点，她刚把两个儿子送去幼儿园，就赶来工作室跟我们碰面。

她叫王增，增加的“增”。她少年时代在国家网球少年队，曾经代表上海队跟李娜一起打过比赛，还把李娜赢了。1990年代她十几岁时，做专业运动员在队里领到的月工资就是5000多块。退役后，她先去上海交通大学读书，然后学习珠宝鉴定和设计，结婚生子，随后创立了自己的高端珠宝订制品牌VICTORIA YIN。

她自己说是体育界的人，跨界跨到了“艺术”界。

工作室被她租下来时，原本是个毛坯房，她自己用几个月的时间设计、装修，购置上好的家具，使它的样子焕然一新。

“你这儿真是活色生香。”我说。

“我最喜欢那首诗，‘锦瑟无端五十弦，一弦一柱思华年’。”她喜欢李商隐的《锦瑟》。

王增说她一直想生女儿，VICTORIA既代表她欣赏的维多利亚女王时代的华丽复古风，也是她给自己梦想中的女儿取的名字，而 YIN 是她先生的姓氏。我见过她的先生，做网球教练，从小跟她在一个网球队，一起训练、打比赛。聊起他们的恋爱史，YIN 说从 13 岁时就开始追求王增，追了十多年才追到手。

珠宝设计师和品牌工作室创始人，听起来是很让人羡慕的，很多人觉得光鲜又华丽，其实工作过程中有很多苦不堪言的繁琐。从珠宝饰品的设计、宝石的选择、加工定制、与客户和厂家的接洽、售后的服务，绝大部分工作都由王增亲力亲为。但喜欢，也就不觉得多辛苦。

“家庭和事业可以两全吗，对女人？”我问王增。

“能。只是要做到完美很难。”

“有什么是完美的？”

“可我还是一直希望能做得好一些。”

王增说，她最喜欢的宝石是祖母绿，是绿宝石之王，国际珠宝界公认的四大名贵宝石之一。它的绿妖娆而霸气，但难以找到无瑕的祖母绿宝石，它的内含物很多，甚至被研究者称为“花园”。“你必须包容它有瑕疵，就像你喜欢一个人一样的道理。”

“如果不能包容我最差的一面，那么你也不配拥有我最好的一面。”我想起玛莉莲·梦露这句话。

王增的梦想是让她设计和制作的每一件饰品都能给后代传下去。

“你想通过 VICTORIA YIN 向女性传递什么？”

“优雅、独立、个性。”

25. 创始人的台风周末

2015 年 7 月 10 号，“灿鸿”台风从舟山一带沿海登陆，这是上海这一年发布的首个台风预警，登陆时强度可达超强台风。

狂风暴雨时坐在家中写作，我这才回想起来我曾经做过很长时间的新闻。

开始创业是一件很玄妙的事情，它能让你在短短两个月做的事比以前一整年都多，体会到的酸甜苦辣也丰满、浓郁得多。我进入角色很快，感觉好像自己从头至尾都是一个创业者似的，压根不记得自己有过漫长的职场生涯，好比一个人进入到另一段浓情蜜意、爱恨交加的恋情后，压根不记得自己的前任——这也许就是专注和投入的力量。

从上海财经大学会计学院毕业后，我在第一财经做过很多年财经新闻，先在日报，后来在电视。电视传播的财经是大财经、泛财经的概念，除了报道经济、资本市场、上市公司，我们还关注所有可能引发资本市场变动的现象——比如自然灾害。我作为一线记者报道过两次重大自然灾害：一次是2010年云贵高原的特大干旱，一次是同年浙江的特大洪灾，报道天灾对于地方经济、上市公司运作、保险、运输物流、发电行业等的影响。有几次上海来台风，我们电视记者也是全员出动，做现场报道。

突然意识到，这是我第一次坐在家里，安安心心领略一场台风的过境，而不是冲到外面去或者在演播室里报道台风。才发现这么多年，我为了孜孜以求的职业，付出了什么，错过了什么。最近几年，在中国，人们对媒体记者的微词很多，我希望大家能对真正专业和职业的新闻工作者，给予最起码的尊重。

创业之路并没有像很多人想象中的，一定更忙、更累、更苦。如果你能够找到适合自己的节奏，创业可以比上班从容很多，有更多时间思考。因为对于一个老板来说，解决问题不是靠跑腿的，而是靠脑的。

渐渐地，我的生物钟开始非常精准，不论几点睡觉，每天早上都会在六点半左右自然醒。这一天正好周末，我是在风雨声中

醒来的，洗漱完毕后，泡一杯咖啡开始写作。一个人独处的时候我特别需要音乐，大部分写作的时间听瑜伽冥想音乐或 Keith Jarrett 的爵士钢琴，那不会干扰思路。窗外有风雨声就不用音乐了，自然界原创的音乐明显更好。

我的房子在漏雨，进入雨季以来，这已经是第四次了。这个一层自带一个小院子的房子本身质量非常好，只是房屋主人非常巧妙地修建了一个阳光房作为开放式厨房，晴天时阳光棒极了，可惜施工不善，一下雨就漏，已经从最初的“一点独漏”严峻到“满屋侧漏”了。我踮着脚尖绕过地上的水洼去给自己加咖啡。毕竟现在能有机会体验在一个漏雨的房子里写作的人已经不多了。

几天前，我抽出一个下午的时间，陪一对德国兄妹徒步当年的法租界，了解周边的历史和文化。他们的爸爸是德国驻华大使，母亲是我的朋友。两个孩子非常独立，哥哥 16 岁，妹妹 14 岁，携手从北京飞过来，没有大人陪伴。我非常佩服德国家长对孩子教育的方法，他们第一次来上海，也是第一次在没有大人的情况下到另一个城市。想不到他们按照原计划返回北京的航班，正好赶上这次台风，我就发信息问他们的妈妈，她告诉我孩子们已经改乘高铁安然回到家中，我安心下来。大使夫人特别感动我的挂念，问我要家里的地址，说要送一些花给我。

忙于工作之余，留心一些小事让人心情舒缓。

26. 顽石生翼，厚积薄发

小时候我的父母都是老师，在我的幼年时期，母亲对我的教育和管理非常严厉。教师的家庭环境总体对一个孩子的成长，是好的。在我性格形成的过程中，至少有一点，后来使我受益匪浅。那就是家中浓厚的知识气氛和母亲的严格，让我从小就觉得自己非常非常笨。

很多人不知道，我特别努力的动力源于我自认为“笨”的自卑。很长一段时间，“笨鸟先飞早入林”是我的座右铭，我学什么都很用力，觉得这样才能弥补先天笨的短板。

后来，用力着用力着，大家就以为我很聪明。这其实是个误会。

我喜欢每一趟旅程都使命必达。这是当年做调查新闻帮我养成的职业素养。

哪怕手里只有一个电话号码作为线索，旋即被抛入一片茫茫未知的大海，也要抓回一点什么。事实虽然不等同于真相，但每搜集多一点事实的碎片，就向真相前进了一步。

2011 年，中资概念股因频繁爆发财务造假丑闻，在国际资本市场大面积遭遇滑铁卢。这时候，一家国际做空机构 Muddy Waters 浮出水面。公司中文名字译作“浑水摸鱼”的“浑水”，真是意味深长。该公司先对问题公司进行做空布局，然后发布证据确凿的做空报告。当时一些国际背景的做空机构打击中国上市公司频频得手。

嘉汉林业是一家在加拿大上市的中国公司，以林木资源的培植、采购、海外输出为主营业务。2011 年 6 月浑水发布报告说这家公司夸大林业资产，伪造销售业绩，涉嫌欺诈。报告一出，公司股票暴跌了近 80%，加拿大证券监管部门立刻介入调查。

公开信息显示，嘉汉公司持有的林木资源集中在云南耿马县，其总资产价值的确认，涉及县林业局林地流转中心的过户政策、协议和林权证明等文件的有效性。事件爆出后，我就跟同事从上海飞昆明，转丽江，在云南朋友的接应下驱车六个多小时山路，进入隶属于云南临沧市的耿马傣族佤族自治县。这家被曝财务欺诈的上市公司，在当地没有任何分支机构，我们跟县林业局的少数民族兄弟频繁交涉，却并未获取任何能显示公司合法持有林木资产的有效书面文件。

在我们深入到大山内部搜集第一手资料的同时，加拿大安大略省证券委员会对公司立案调查出具的结果，显示欺诈确有存在，并指控国际著名四大审计公司之一的安永会计师事务所在嘉汉林业加拿大上市期间审计失职，过度依赖他们聘用的第三方机构对林业资产的估值，没能发现采购合同中存在的明显问题。

虽然安永当时否认了相关指控，但后来以嘉汉林业不能解决2011 年财报中的相关问题为由，宣布辞去公司的审计职位，并被报道后续同意向嘉汉林业股东支付 1 亿多美元的和解金，用以承担失职责任，解决公司在加拿大面临的投资者集体诉讼。这件事在当时的市场上掀起轩然大波，我作为前方记者回来后，第一财经又派出专题组跟进报道，后来制作出的新闻专题片拿了当年的中国新闻奖。

在新闻工作者眼里，年年多事之秋，无有风平浪静。

那几年食品安全丑闻频出，大家吃什么怕什么。2011 年年底的平安夜当晚，国家质检总局公布的全国液体乳制品抽检报告显示，蒙牛奶粉被验出强致癌物黄曲霉毒素 M1 超标 140%。我接到任务去追踪这是怎么回事，还有没有相关批次产品存在超标问题，事件会不会持续发酵。

一查，问题牛奶是四川眉山工厂生产的，随即跟同事扛了摄像机飞往眉山。在眉山，蒙牛工厂自然是给我们吃闭门羹的。于是我们寻访牧场，找奶源，采访养奶牛的农户，发现有很多喂养奶牛的玉米饲料发霉，被奶牛吃下去。饲料发霉导致产出的牛奶中致癌物超标，是这次事件的根本原因。所幸问题产品很快被销毁，这次事发并非由大面积的系统风险导致。

那次拍摄回来已经快跨年了，城里一派歌舞升平。我在 12 月 31 号、1 月 1 号两天加班加点把片子剪辑制作出来。后来因为过年的新闻需要体现出一团祥和才好，这个片子被压到1月5号才“轻轻”地播出了。

至今我仍然记得，那群在四川眉山深山老林因为瘟疫被封的一个牧场中的牛群，还有我跟一头病殃殃的垂头丧气的奶牛对视的那一眼。

我做过很多上市公司内幕调查，在这些调查中，没人会配合你的，只有从一个网址或一个电话开始，想方设法，获取有用信息，寻根究底，追本溯源。做财经记者和主持人时，很多人只知道我们在台上和镜头前挺光鲜的，往往跟经济学家和投资大师面对面谈笑风生，看着美丽而体面；但多少次跟上市公司门口的保安纠缠，在山洪爆发后的泥石流边直播，穿着橡胶防毒衣在洪水过腰的受灾厂房里直播，在云贵高原上干涸龟裂、沙块中镶嵌着死鱼尸体的水库底下直播，在深夜里跪在地上、借着车灯照在脸上的光对电视机前的观众直播……人们是看不到的。

每一次出发，都像是一个小石子，被抛向一望无际的茫茫大海。“但你必须清醒，去发现些什么再回来。否则，就别回来。”这是我经常对自己说的话。

对我作为一名财经记者时所经历的一切，我深怀感恩，不仅仅是因为从中收获到很多技能，重要的是它帮助我认清自己，终究热爱什么，并愿意对所热爱的付出什么。

厚积薄发是很美好的过程，就好像你历尽千难万险，终于找到了那个可以撬动地球的支点和杠杆。一切问题的解决路径变得清晰明朗，有迹可循。这过程，亦如顽石生翼、搏击长空，也有点像蜻蜓点水——举重若轻。

心海上一支莲，娉婷待月邀

我相信拒绝参与，
我相信毁灭的生涯，
我相信工作中荒废的岁月，
我相信带入坟墓的秘密。

为了我，这些言辞升起，超越于法则之上，
不求救于现实的例子，
我的信念强烈、盲目、毫无根据。

——[波兰] 辛波斯卡 《发现》

在北京出差。凌晨 2 点 58 分，我突然醒来，脑子异常清醒，好像没有睡过。

北京此刻电闪雷鸣。很多的雷从远处气势汹汹、排山倒海般滚来，踏于黝黑的云层之上，把云压得很低。

一些电无意间从云间泄露，不断流进窗里，房间比霓虹还亮。

于无声处听惊雷……她想。

“可拜上将军。”一个声音说。

我爬起来写作。文字一直在那儿，我们只是发现了它们，将之从脑海的沙滩上轻轻拾起。

雷电很快过去。如果我一直沉睡而不曾醒来，就等于一切都没有发生过，根本不知道自己错过了什么。

我也有过那样的日子，每天浑浑噩噩，挤地铁、过马路、等红灯……不论出发还是停下来，理由都是别人给我的指令。我觉得自己梦游着就能把事情做掉，没有人在乎你做得究竟好不好，或者你跟别人有什么不同。看不见未来，前途暗淡无光。

“去用你的大脑搬运身体，而不是用身体搬运大脑。”有天我这样写。

摄　影／郑光明
服装设计／王　锋

做公司以后，我开始变得耳聪目明起来，专注使一个人的气场日渐增强，直觉也越加灵敏。很多对的人开始被你吸引，不断自觉走到你面前来，你来判断和选择与谁为伍、跟谁合作。越来越多神奇的小事在你的面前发生，而你知道那不是偶然的巧合，而是由你操控的。

比如你发现，后来遇到的人早在五年前就和你住在同一个小区里。我最爱向日葵。我父亲的名字叫“旭光”，包含着九个太阳的光。他赠送我的一本他二十多岁记过的笔记本上写道，“云边有光”。比如新认识的一位朋友，翻出两年多以前他写过的对联送我做见面礼——“湖水本无愁狂客未须浇竹叶，美人渺何许化身犹自现莲花”，横批：婷婷玉立。近来我不断邂逅莲花，还有位朋友第一次见面时，送了我一首他作的诗：“海上一只莲，婷婷待月邀。尘中无俗艳，物外有清高。诗韵出真意，丹青自素毫。春来当此日，归去忆薛涛。”学会向一切原本顺理成章的事情追问，故而发现你自己。

我渐渐成了一个不迟到的人，经常提前 15 分钟或 1 分钟踏进会议室，身体像被校准过的精密仪器。

我变得非常吝惜时间，了解每一分一秒都一去不返，要求自己少说多做，让每一滴时间都掷地有声。我开始计算每天自己睡了多少时间，尽量用在飞机上、火车上和汽车里的时间小憩。

我开始不断总结出一些做事的原则和方法，有些看起来是非常细小的道理，但决定着你是个什么样的人以及事情的走向。比如：

1. 人的重要性应该区分层级，坐在你对面的人永远比手机里的人重要，值得付出更多的诚意与时间。

2. 做自己很擅长，但不是用户利益最大化的事可以，但不十分可取。

3. 诚实是最佳策略，不是我们只好诚实，而是我们的选择。

4. 人们不是真的爱便宜，人们爱的是占便宜。做人可以慈悲心肠，助人为乐，但在市场上不要总被占便宜，次数太多人家会以为你是真便宜。

5. 如果一个人约了三次都没见上，就不要浪费时间再约，第一他对你兴趣不高，第二你们之间的需求是伪需求。

6. 如果双方启动了合作会谈，你跟进的同时对方断片儿，不知缘由地没有音讯了，以后尽量不要跟其合作，但同时反省自己的原因。

7. 永远不要责怪别人的冷漠和轻视，你能责怪的只有自己做得不够好。

8. 当你到任何城市，下了飞机都能跟出租车司机愉快地交谈，并且感到司机跟你聊天真的很开心，证明你开始有了同理心。

9. 故事可以慢慢讲，不论个人的还是公司的，利好不必一次出尽。

10. 不辩解，想方法，行动。

11. 信任就是信任，没有比较信任。

12. 别人以为的真相并不重要，你自己心里的真相，才真的重要。

13. 事情有的时候自己会滚，所谓放下不是只对过去放下，对眼下的事束手无策时也得学会放下。事事都要既尽心尽力，又拿得起放得下。

↑《我曾这样寂寞生活——辛波斯卡诗选》

28."心流"—随心流淌

你来到耶鲁——人们对你说了些什么？"要自然、主动，对拥有自由时光感到高兴，享受你永远也不会再获得的安逸，四处逛逛，给自己的想象力一次机会，结识每一个人，与他人进行智慧的交流，逐渐了解你自己。"

人们就对你说了这些吗？"不止。"

那他们还说了什么？"这儿有 20 台大机器需要装新螺栓和轮子。你开始动手干活。你必须比下一个人干得更好，因为他将会努力干得比你棒。而且，为了成功，你必须专注于一件事。不要斤斤计较。"

——［美］欧文 · 约翰逊，《耶鲁的斯托弗》

当你产生自己创业的想法时，所有人最开始时都表示担心，警告你“没那么容易”。

“你凭什么？”

“什么？办公司？办公室办个消防验收就够你跑死。”

“等你撞个头破血流就知道悔改了。”

这些话我听了无数。如果别人的声音对你的选择起决定作用，那就证明你内心自己的声音不够强大。我们幼稚了很多年，被

社会上大多数人的意见所左右，其实克服懒惰动动自己的脑子，就会发现很多反对你的论述都是假命题。

如果有人告诉你“没那么容易”，那问问他“世界上有谁容易？”任何只会提出反对但又提不出建设性建议的人，都不用太放在心上。如果有人嫌弃长城修建得不好，那让他来建一个好了。

后来大家看到你渐入佳境，甚至哪一天好像突然横空出世一样出现在人们面前，就接踵摩肩地过来赞美。有人当面赞美，背地里琢磨她是怎么做到的，阴谋论一点的人就开始绞尽脑汁地构思，这个人究竟使了什么花招和手段，有什么神秘力量在背

摄影 / 于婷婷

地里支持她？

神秘力量是有的——“心流”。

心理学家、人类学家、哲学家米哈伊齐克森这样定义“心流”：一种将个人精神力完全投注在某种活动上的感觉，心流产生时会有高度的兴奋和充实感。米哈伊齐克森归纳出使人产生心流的活动，有以下特征——我们主观倾向去从事的活动，有清晰目标的活动，立即有正向回馈的活动，使我们有控制感的活动。

任何人都可以获得“心流”的体验，比如，当我们沉浸于一幅画的创作中，忘记时间的存在。区别只在于“心流”的持久性有多长。在节目创作和制作过程中，我找到了持久的心流，就像一艘船驶入一条确定流向的河道，不用费力，没有抗拒，只要“随波逐流”就能前进。

与此同时，一路上与谁同行非常重要。创业让我毫不费力地遇见那些我真心喜欢的人，我们对待彼此真诚、坦率，尽力互相帮助，分享各自成功和失败的经验教训。再也不用装备那些职场真经教你的面具和技巧，你只要发自内心并真正勤恳地做事，就会赢得尊重和资源的青睐。很多年前，就有“过来人”告诉我经验之谈：“孩子，要学会夹起尾巴做人。”我当时心想：“有尾巴我就做猴儿了，干嘛做人？”现在，我终于感到自己像头天真的小兽，释放出浑身的张力，每天都在淋漓尽致地活。

一次跟汉理资本董事长、创始人钱学锋先生聊起我在做的事，他表示特别支持，说："你创始的节目，跟创业者们在一起，就叫《婷婷创立》吧！"我觉得很不错，节目的名称就这样有了。钱总做风险投资超过 10 年了，投资的公司很多都上市了，我们碰面的那一周，就有两家同时在海内外上市，我觉得有幸碰巧让他给我们的节目取了个名字，挺吉利的。

我遇见的创业伙伴们，大多是同样执着的创业者，他们施予我的援手和给我的启迪，让我受益匪浅。我会慢慢把他们一个一个写出来，这本书里写不完，我也要把他们一个一个拍出来。

致容么么创始人 Lily

我是通过节目拍摄认识很多创始人的，那往往是我们第一次见面。我对预采访、采访提纲、脚本的制定深恶痛绝，这些东西都使镜头前真正有魅力的真实感大打折扣。

我和容么么的创始人 Lily 杨丽就是这样相识的。那天一早，我赶到她和团队在上海的办公地——进门是一个硕大的公共空间，有沙发、茶几、咖啡吧台，正好迎上她出来倒咖啡。她个子修长，头发也长长的，没有化妆，脸上还有一点点清早刚爬起来的困倦神情。我们顺势来了个大大的拥抱，两个人瞬间活起来了。

“这个拥抱应该用镜头记录下来才对！”我为失落每一个温暖的镜头惋惜。

“没关系，一会儿再来一次。”她说。

“第二次就不真实了。”

“没关系，我们的演技都是一流。”她特别会安慰人。

然后我掏出化妆包，两人一边化妆，一边讨论“颜值”和“刷脸”的问题。她的团队颜值特别高，大多是打扮精致的女孩子，只有一个负责后台系统维护的是男孩子，坐在那里一直看电脑屏幕，怎么看都像老鼠掉进了米缸。

“容么么”是一个在线预订上门美容美体服务的O2O平台，定位轻奢，解决广大都市女性工作繁忙没时间护理皮肤和身体的痛点。Lily的个性特别鲜明，热情、明朗、不掩饰、追求极端，典型崇尚行动力的白羊女。

我的上升星座也是白羊。对于白羊对行动力的崇尚和践行，可以这么描述——如果我们想要什么东西，不会转弯抹角，会直接问有这样东西的人去要，并且尽量聪明地列明一二三条原由；如果对方不给，我们转头就走，去找下一个人；如果还不得手，那我们就自己去造，宁可不睡觉也要造出来。

Lily在房地产行业工作多年，在商业上积累了丰富的经验，后来脱产去读北大的国际MBA。“我故意脱产去读书，为了给自己充分的时间去找到内心的声音，给未来的事业做长远规划。”

几年前O2O很火。利用互联网将线上线下产品、服务和用户打通，将资源重新优化配置，既提高效率也为用户节约开销。她想过很多服务的品类，比如健身、塑体等，最终锁定在为女性提供上门美容美体服务，并和她多年的好友于涵成了合伙人，两人配合默契。于涵侧重内部团队运营管理，Lily的重心在市场拓展、财务和融资。“我们俩很互补，她的世界是50%，我的是另外50%，我们俩加在一起就是整个世界。”我很喜欢她的表达方式，经常使用简洁有力的语录体。

“做人要极端。”

“做人要诚实。”

“我们活着就是为了要使有我的世界和没我的世界最大地不同。”

“如果一个人说你需要做出改变，那他一定不是你的朋友。如果一个人要你选择，那你就不用选择了。”

那次录制的内容很漂亮，上午完成拍摄，我的一位后期小伙伴用了整整一下午剪辑，晚上就完成了成片。我当晚在我的个人微信公众账号上发布了出来，效果很棒，短短一两个小时就有几千的阅读量。

对于初期制作的内容，我一直在我的个人微信公众账号“于婷

↑ 跟客幺幺创始人 Lily 和于涵在一起畅谈甚欢。

婷手记”上发布，这个微信公号建立得随机而仓促，名字也是我按照最通俗易懂的方式取的，目的是发布我们初始阶段研制的一些视频内容，观察和测试什么样的东西受欢迎、易于传播。这导致很多人以为我要做的东西就是个自媒体，其实我想做的事儿并不止于自媒体，但对于这样的认识，我选择不解释，继续走自己的路，并想方法。如果你花很多时间跟人解释你要做的究竟是什么，第一说明你做的还不成样子，第二你浪费了真正去做的时间，怎么都不划算。行动，是消除误解的最好办法。

我跟 Lily 两人都在上海和北京之间频繁往返，但因为都忙，很少能赶上碰面，好像也不需要非见面不可。有一次听她说，“在关于女性创业的优劣势问题上跟人 PK 了很久，什么时候中国的 VC 能不把女性创业当个事儿了，也就进步了。”

那段时间女性创业的话题非常火爆。所有人都一下子看到了女性在推动社会进步上将显示出的巨大力量，女性创业者在资本市场上的估值溢价倍增，马云甚至专门成立了一个女性创业基金，投资女创业者。我跟 Lily 经常讨论要做个谈论女人话题的节目，“不要老谈什么创业了，谈点出位劲爆的。”她说。是啊，好玩的多着呢！创业无非是我们选择的用以成为真正自己的一种生活。

后来，公司微信号临近正式上线，我把容么么放在第一期，把原始素材翻出来重新剪辑的时候，再听我们之间的对话，仍然觉得 Lily 有些段落的表达“气贯长虹”，听得真过瘾！我们问

Lily 要了一些她以前的照片，她当晚 11 点多才忙好发给我们，照片有她以前读书时的、在欧洲旅行的、跟闺蜜在一起的，青春活泼，素面朝天却光彩四射。

那是一种很质朴却直击人心的美，我们都曾经有过——就是因为年轻、无知、勇敢、莽撞、什么都好奇、什么都不怕。后来这些渐渐不再使我们满足于对自身的认知，我们希望自己仍然勇敢、充满原始本真的好奇、无所畏惧，但需要扩大和加深与世界的联结，更具有想象力、创造力，不断突破自己思维的局限，更有判断力和掌控力，更加宽容豁达，更愿意并且有能力帮助别人，最重要的是，更懂得爱。

于是我们都辞职去创业了。Lily 在节目里说，上班就是把一群价值观不一样的人强行捆绑在一起，在公司里你要谈价值观，人家会说“怎么还这么不成熟啊，聊这些无聊的东西，聊聊加薪升职吧”。而创业让价值观相同的人找到彼此。

翻旧照片让 Lily 有些感慨，那天晚上我们的微信对话记录很有趣：

“美极了，像一艘欢乐行驶的小飞艇。”

“哈，happy 那时候，现在比较苦大仇深。”

“无忧无虑。”

“是，懂，责任大了。”

“哈哈哈哈，怎么办，创业啊创业。”

“那是我们选择的生活。”

然后我把那首辛波斯卡的《从容的快板》送给她，说“从容的容”。“么么哒的么么。”她回复。

随后，我们就愉快地互道晚安，她准备第二天的早餐会，我准备第二天出差的行李去了。

很多人说我“男女通吃”，我想，意思大概是我既不容易被男人讨厌也不容易被女人讨厌吧。在这一点上，我有一点经验和感受就是，如果不去嫉妒——永远是去欣赏别人，孜孜以求地学习他人身上闪光的东西，发自内心地接纳和赞美，你就会得到所有人真心的喜欢。

30. 误解很正常

“所以如果你要做一个自媒体，我可以很明确地告诉你，没有任何前途。会有人投资你的，比如一个喜欢你的男投资人，为了取悦你，哄你开心，使你出名。你可以把它作为一件消磨你时间的营生，但对于真正的资本来说，它没有任何价值。出于友情，我也可以投资你，但你要吗？”

这是我跟 Linda 的第一次见面，她在我只泛泛陈述了一些自己的职业生涯，几乎还没有讲任何在项目上的长远计划时说的话。我保持了沉默。她是美国一所特别牛逼的常青藤学校的理工科博士，做过顶级的咨询公司和投行，自己也创过业，现在做投资。每天开很多会，见很多创业者。

社会对于女性的看法真的变了吗？怎么可能那么快呢？社会和男性们对于女人的思维定式和贬低并不是最可悲的，女人自己对自己的思维定式和贬低才真正可悲。

Linda 的脑子真的太好了，而且她极其善于观察，具有女人与生俱来并阅人无数后凝练出来的超凡敏锐的直觉和判断力。

“你刚才感受到什么？”我讲到一段做记者时的灾难报道经历时，她问。

“……自豪吧。”我停下来，仔细辨识了一下自己的感受后，不很确定地回答。

“我怎么感觉有一点 blue（忧伤）呢？”她说。

“你很善于暗示，这对于创业是十分有帮助的。”她继续说。

“我的暗示对你奏效吗？”我问。

“我想是的，至少我在不看好你项目的情况下，还愿意跟你讲这么多。”Linda 指的是后面她讲的很长一段，建议我将视频和众筹结合起来做的模式。

“他们两个也不同程度上受到了你暗示的影响，并给予了配合，我很少看他们这样。”她看着会议桌上坐着的一男一女两位投资经理说。

在 2015 这一年，很多人对于公司股权众筹在未来的发展趋势达成了共识，Linda 给我的建议正是做一个以视频为入口和呈现手段的股权众筹平台。“你应该让真实的投资人出现在你的节目上，让他们跟创业者面对面，现场提问、评审、质疑、赞同或拍砖，现场拍板投不投，整个过程在线直播，场外的人可以观摩并跟投，两个小时关闭众筹窗口。这是我能想到的股权众筹最好的方式！”

Linda越说越兴奋，用她麻省理工博士加麦肯锡和摩根士丹利的脑子，给了我很多一针见血的建议，几乎相当于设计了一个完美的创业方案拱手相让于我。当我继续追问一些执行细节，她说：“对不起，不能再说下去了，这是我们的行规，否则就是我创业而不是你创业了。”

我本来以为自己初中排了几年学年第一、高考考了个理科全校第四就算学霸了。“嘿嘿，跟我比你肯定算不上什么学霸。”Linda说话特别实在，这是我除了她的脑子之外也很欣赏的部分——性格。她希望我回去按照我们今天探讨的模式，出个新的方案，“当然，如果你继续想要我们的钱的话。”我们约定半个月后的15号在北京再碰头。

我回去后记起Linda几次提到我很善于“暗示”，就特地研究了一下什么叫“暗示”。

在一本《心理学大词典》中，“暗示”指“用含蓄、间接的方式，对别人的心理和行为产生影响，使人不自觉地按照一定的方式行动，或者不加批判地接受一定的意见或信念”。心理学家巴甫洛夫认为，暗示是人类最简单而典型的条件反射。

在全国各大机场和火车站，这样的书铺天盖地——《如何利用暗示成功》《心理诱导术》《反心理诱导》《催眠》《反催眠》，书名都取得特别功利。的确，不论做投资还是商业，一定是要精研人性的，可是如果不明白一点，一切学来的行为只能显得更加蹩脚，那就是——人性是用来顺应，而不是用来利用的。

其实很多时候，去见投资人不一定仅仅为了拿到投资，或者说即便没有拿到投资也会是有收获的。为什么呢？投资特定领域的投资人一眼就能看明白，市场上有多少人在跟你做同样的事，他们会逼迫你认真思考你到底有什么不同、有什么核心竞争力——回答不出就别做了，换方向吧。另外，成功的投资人一定非常聪明，他们大部分有着高智商、高情商，不凡的洞察力、逻辑思维能力、判断力、谈判力。而你要成长进步，最好选择多跟比你优秀的人在一起，与他们的智慧交流。如果你比人家笨，那完全没什么好害羞的，只要拿出诚实和谦逊的态度来，就好了。

“如果你想要进步，别在意别人觉得你愚蠢。”
“自以为什么都懂的人不可能开始学习。”

这是古罗马哲学家爱比克泰德留下的箴言。

31. 不是创业，是生活

就好像是踏上一条漫长而崎岖的跑道，永远有人比你先启程，早到达终点；超过你，被你赶超；在你身旁跌倒，爬起；在你身后哭泣，退出；在你前方摇旗呐喊，加油助威；在你头顶冷漠盘旋，相视一笑。然而，这些都不重要，重要的是你选择了这条跑道，而没有去选择踏上一艘游轮，或一架直升飞机。

你还是有很多可以选择的，比如，用 100 米跨栏的爆发力去跑，还是用马拉松的耐力去跑，欢乐地跑还是绝望地跑，停下来看看风景还是闭起眼睛无视途经的一切美好。

辛波斯卡，我爱的波兰女诗人，她在诗中体悟了生活最细枝末节处的真意，偶尔也泄露出创业者骨髓里那股寒风凛凛。

以前听人说“创业是条不归路”。能说出这种话的人，做什么都是不归路。

有人说，“你将为这个选择堆积越来越多的代价。”我不以为然。为什么老爱把创业这种事儿描述得那么凄凄惨惨、冷冷清清呢？你爱它，选择了它，然后又诅咒它。你爱它，由爱生怕，怕失去它，爱得艰难不快乐了，又没勇气放弃重新做个选择，于是你嫌弃它，说它是“不归路”。这公平合理吗？谁拦着你回头了？一切都是你的选择。

不要去赶那个时髦，想要不要创业了，去想想你要成为怎样的自己，怎样去生活。

“我紧拉着生活的叶缘：
它是否愿意为我停留，仅此一次，
暂时忘却
它不断奔跑的终点站。”

——[波兰] 辛波斯卡 《从容的快板》

32. 骑行天下的大侠

我们这次要拍摄的主人公叫“大侠”。他的漫漫创业路始于一次“吻别”。

吻别后，因为伤心难过，就去西藏骑自行车散心，路上发现很多人都在骑行，回来就打算做这门生意。经过很多次失败和调整，他最终定位在打造一个与骑行有关的电商平台，线下通过骑行俱乐部组织活动，提供服务聚拢黏性用户，线上销售产品。

大侠的平台名字是他母亲帮他取的，在“骑行天下”和“骑乐无穷”之间，帮他选了“骑乐无穷”。大概在母亲心里，孩子的“乐”

比“天下”重要吧。

他们的团队朝气蓬勃，充满活力，大部分是 90 后。年轻就意味着经验欠缺，还需要不断试错。不过没关系，我看他们早都习惯了。早两年，大侠招设计，怎么都找不对人，折腾不出他想要的样子来，他觉得自己一定是招人的方法不对，于是装模作样地去大公司应聘设计人员，试图把人家的笔试题、面试题都带出来，后来未遂，被当作竞争对手公司的“间谍”给轰了出来。

他们在上海闵行区稍远一点的地方，租了幢别墅，房子里有厨艺很好的阿姨，每天给大家烧饭吃。一楼展示着大侠从世界各地带回来的各式自行车，中间摆着个台球桌，小伙伴们忙累了就下来玩一会儿。

那天我们拍摄到一半，他们团队中最美的设计师妹妹亲手为我做了杯咖啡，上面铺满洁白细腻的奶泡，还拉花上去一只非常可爱的小猫咪。我欣赏了半天后，将它放在台球桌一角，正准备拍一张照片。

这时候……奇迹发生了！我听见清脆的一声“啪！”咖啡杯裂成整齐的两半，一只球干净利落地滚入洞中。所有人都惊呆了，包括桌对面拿着球杆的小伙伴。我们都很遗憾当时摄像机没开，把这一幕记录下来，大侠说我的右上方本来有一个摄像头，但不巧当时也没开。

生活中有很多精彩的瞬间，没被彩排过，就在所有人都没料到的情况下发生了。真实和意外，是最迷人的。所以我们节目的Slogan坚持叫“没有摆拍、不经预设，让一切真实自然地发生！”其实记不记录都并不重要，重要的是——它已经发生！

那天一整天都在下大雨，我们中午躲在屋外面的帐篷里吃饭，阿姨烧了十几个菜被大家一扫而光。一大家子人在一起吃饭真的太香了，大家问我：“婷婷，你们在哪儿办公？”我说我们现在还没有固定场地，整天在外面拍摄。大侠说：“要是不嫌弃，就到我们这儿将就将就呗。”我很感激地在心里想，以后我也会有一个这样温暖像一家人一样的团队，也会有一个这样的大家庭！

后来我收到大侠团队寄给我的礼物：一套夏天的骑行服和一张镶入相框的录制现场照片。

Fruitful year

两手空空

满载而归

Fruitful Year

两手空空 满载而归

33. 潘石屹：旧世界瓦解，新世界重建

我们拍摄的好几个创始团队，都在上海新天地复兴 SOHO 的 3Q 联合办公空间办公。一天上午，我们拍摄八音盒创始人李博，正好赶上他的合伙人 XD 过生日，我们偷偷给寿星准备了生日蛋糕、香槟，拍完正题就顺便拍了一个生日趴，欢乐得就像夏日阳光下香槟中升腾的气泡！

巧的是，那天还正好撞见 SOHO 的老板潘石屹，于是就把他请上了我们的节目。

潘石屹先生讲起话来特别实在。我欣赏他历经创业之难事、乐

事、顺事、困事、韬略事、琐碎事后，至今眼神里面仍然有光。时至今日，他在做扶持创业者之事。

“社会上那么多钱，投资人投一下创业者们，又有什么呢？失败了又有什么呢？就当帮他们完成一个作业。”潘总滔滔不绝，他特别鼓励和支持年轻人创业。

“所以你这儿的创客不交租金又有什么呢？”他呵呵笑着点头。我发现自己讲这句话的时候，居然带了点甘肃口音。

“那我就不交了啊！”我故意大声说。

他居然同意了，然后乐呵呵地指着摄像机镜头说，“你，你这儿还录出去。”

当然，是玩笑。

我们暂时不需要office。我拍摄和呈现创始人们最鲜活、生动、充满人格魅力的一面。每一个创始人的office，都是我们的office。

“Where are you?”
“I'm everywhere.”

这是电影《Lucy》中我最喜欢的一句对白。

“旧世界正在土崩瓦解，而新世界正在重建。”潘石屹说。他认为越来越多的年轻人选择创业，或者为自己工作，这种现象正在影响着人们的生活方式和关系形态。

的确，很多边界正在被人类打破，包括生产者与用户之间的边界、公司内外的边界、创始人与投资人之间的边界……互联网和新经济让大家以最快的速度找到对的人，以最优的方法，做对且开心，并对驱动社会发展有价值的事——这就是创业。

“如果你一开始就想着估值多少，上市多少，赚多少，那从一开始你就跑偏了。可能就会夭折。”潘石屹说，“重要的是，你的创业要对社会有益，使人们的生活更方便，成本更低，更美。”

“有风险吗？”我问他。

其实，我想问的是整个国家的系统性风险，包括社会保障体系。根据潘先生看过的一份调研报告，说未来三到五年，全世界的打工者会减少大约三成，人们会纷纷变成自由职业者、老板、创始人。可是一旦一个国家的打工者消失百分之三十，那么这个国家的福利制度和社会保障体系是否有必要重写？

“我还没考虑到这些。”他说，“但即使有风险，也不会是致命风险。”

诚然，时下的创业是存在泡沫的，但我们不能因为存在泡沫就不去创新。

“你会做天使或风险投资吗？”我看他跟创业者沟通得这么勤快而投入，就觉得他是在为投早期项目布局来着，于是顺便问问。

“不会，投资这么专业的事交给专业的人去做。”他说。

36. 蔡洪平：创业要有“工匠心”

查理·芒格说：“我只把剑授给能挥舞它的人。”

很多人亲切地叫蔡洪平“Henry”或“老蔡”，他被冠以“中国民营海外上市之父”“首富园丁”的华丽标签。

很多中国首富的企业是他在德意志银行任职投行部亚太区主席时期，送到上海外资本市场IPO的，包括SOHO中国、阿里巴巴、唯品会等等。

Henry先后任职于百富勤、瑞银、德意志。在他即将结束二十多年的投行生涯之前，我对老蔡进行了一次访问。我惊喜地发现，恢弘的投行战绩使大家忽略了一点，他在大学里主修的是新闻学，并曾获得复旦大学新闻学学士学位。

“你看看1990年4月1号的《人民日报》，翻出来就是我写的——《现代化不是从天上掉下来的》。”他脱口而出当年那篇文章的标题。

一个记者和一个投资人，骨子里有惊人相似的基因。

一个记者嗅到好故事跟一个投资人发现一家好公司一样，都犹如鲨鱼嗅到血腥。

“你跟普通人最大的不同在哪里？”我问 Henry。
“我永远想到的是向企业家学习，为他们服务。金融应该是一个促进者和服务者，我们做得更多的是，动员社会，动员资本，为他们服务。”

“他们叫你园丁，你喜欢吗？”
“园丁说难听点就是花工——浇花的人、汗流浃背的人。树长大了，人们不知道我们是谁。”

我见到老蔡那次，是他投行生涯结束前接受的最后一次访问。两周后，他在德意志银行投行部亚太区主席的职务宣告结束，与此同时，他踏上另一段人生和事业的征程——组建汉德工业促进资本集团并担任执行主席，聚焦德国工业 4.0 时代新经济领域的投资。

“工业 4.0”是德国联邦教研部与联邦经济技术部在 2013 年汉诺威工业博览会上提出的概念，并在欧洲乃至全球工业领域引起了广泛关注和认同。它描绘了制造业未来的愿景，提出继蒸汽机的应用、规模化生产和电子信息技术等三次工业革命后，人类将迎来以信息物理融合系统（CPS）为基础，以生产高度数字化、网络化、机器自组织为标志的第四次工业革命。

蔡洪平很早就开始致力于工业4.0概念在中国的普及和推广，大力呼吁中国人在创业大潮风起云涌的同时，不能忘记去修炼一枚安静的“工匠心”。德国人可以花几代人的时间和心血去研发一个专利技术，甚至制造一个精益求精的零件。“而中国人才想到一个新技术的点子，就想着赶快上新三板吧，上了几百万就来了。”他认为，这样急功近利的心态，把整个工业都给残害了。然而这不仅仅是市场环境和国人心态的问题，知识产权保障制度建设也要跟上。“中国人好不容易研发出一个新技术，没两天就给人家拷贝去了，知识产权保护措施太薄弱。”

在老蔡看来，中国人在创新和创业方面，缺乏对技术无限的忠诚。“我们心态不对，没有德国人两代、三代做一个产品的深度和热爱。我们都是短期行为，不是国人不好，是因为我们的社会哲学在过去三十年来就是黑猫白猫论。这是对的，搞经济可以这样，但反过来，在科学领域里面，没有一代人两代人的努力，老鼠是抓不到的。在德意志，包括瑞士北部、奥地利等一些国家和地区，真的是几辈子做一个产品，做得很深很深，所以才有今天的德国奇迹。”

35. 天使花园发生的事

临近《婷婷创立》正式上线，团队小伙伴们开始紧锣密鼓地赶工。我们在武康路的工作室常一泡就是 12 个小时——从早 10 点到晚 10 点，头脑风暴，视频后期制作合成，写文案，制定发布策略。

我们的团队愈加充实饱满。Joy 是集前期导演拍摄和后期制作于一身的一把好手；行风负责系统平台搭建、保税做账、买盒饭，负责水、电、煤；李响同学更是有理想的策划推广人才，负责制定品牌推广、微信运营整体方案。

我们还有很多外脑，时不时过来探班。Joy 温柔娴静的女朋友也经常过来，我们忙活的时候，她就安安静静坐在沙发上如痴如醉地画她的《秘密花园》，偶尔像女神画外音一样冒出来一句“片中这句太啰嗦，剪掉！”

大家都喜欢这间带花园的工作室。说到我们是怎么找到它的，这里也有个好玩的故事可以讲。

武康路最早叫“福开森路”，以美国传教士约翰·福开森的名字命名。1914 年这条路被划入法租界，法国的第一任驻沪领事明梯尼按照当时西方最现代的城市建设理念，规划了整条路的布局。1937 年淞沪战争爆发后，上海被日军攻陷，由于法租界内能够得到庇护，相对外面的战火硝烟安全得多，于是中国各地的商贾富豪纷纷携巨款来这里躲避战乱，后来又在这里投资，修建了很多洋房建筑和新式里弄。许多名人旧居集中在武康路以及周边。晚清重臣李鸿章的丁香花园、宋庆龄故居都在附近。

这里有上海最粗、最美的梧桐树，一年四季变换着装，夏日繁茂，秋季萧瑟，冬日清冷，春天葱茏……我有天早上跑步，照例沿着湖南路一转弯，跑到这儿来，太阳暖洋洋的，沿街闻到葱油饼的芳香。路边围墙突然伸出一枝初夏的花，我停下来端详，这才注意到花下的一扇小铁门虚掩着，这扇铁门上锈迹斑斑，虽然不大却很惹眼，门口右面的墙壁上嵌着一个小玻璃橱窗，里面躺着一个面容祥和美好的小天使，在张着翅膀闭目养神。很多路人都会停下看那只天使，好奇这扇门里是什么。但这扇门永远紧闭，我跑步路过了很多次，唯独那天早上开着。

受着好奇心的驱使，我推开门，发现门里面是一方不大不小的庭院，植株密布，有树、有池、有鱼，其间错落有致地散落着各种姿态和神情的小天使的雕塑。正在我站在院里感到恍惚的时候，有人从外面推门进来，手里提着几瓶矿泉水。我上前打招呼，一聊便知道是房东先生。原来这房子一直被用作工作室，这会儿正要转租，有几人已经在跟房东洽谈，有做红酒生意的，有要开意大利餐馆的。

我就说明我是做视频节目制作和出品的，正在物色一间工作室，给团队做办公和固定拍摄节目的场地，觉得这里很合适。后来我们又商谈了一些具体细节，房东先生给我开了个还能接受的价格，我当即决定把它租下来做工作室。现在骑翼有家了——而且是一个很漂亮、人见人爱的家园。

那段时间我正在策划另外一档天使投资人的访谈栏目。后来的某一天，我拿钥匙开门的时候，才发现门口那个小天使的旁边还有一块陈旧得快要和围墙混为一体的木板，上面刻着“Angel Garden”。后来很多朋友问我：“你怎么找得到这样灵光的地方？”“巧合。”我一般这么回答。

巧合，世界上哪来那么多巧合。确切地说，任何事情都不是巧合，而是你的选择。

如果我不住在这附近，就不会在那里跑步；如果我不创业，就不会需要工作室；如果不是一直想在原法租界的地脚物色工作室，我就不会在跑步时停下来，推开那扇虚掩的门；如果不是我诚实和诚恳，房东就没必要放弃别的租客选择我，还给我不错的价钱……一切结局，都是你所有的选择堆砌而成的结果——从始至终。你可以得到任何你想得到的东西，然而动作必须要快。因为有的门，一辈子只打开一次。

36. 奢侈的起点

有了这个带花园的“据点”以后，我的小伙伴们安心多了。我不在的时候，也能自得其乐地在里面讨论、劳动，累了就在园子里看看植物和鱼。我喜欢出去开会回来一推门，看到他们其乐融融的样子。我梦想的一大家子人，在一起快乐地做着有意义的事的场景，几乎已经实现了。

其实，在工作场景的选择上，我动用并听从了我的直觉。此前，我们曾经想过在复兴SOHO的3Q或别的联合办公空间租一间办公场所，甚至已经付诸行动交了订金，但后来我没有选择一个硕大无比的Co-Working Space。我有我的道理。

联合办公空间有很多好处，其中之一就是能方便地和不同行业、商业模式的创业团队碰撞、融合，破除自我的思维局限，时不时碰撞出思想的火花和合作的可能。这对很多初创型公司有好处，但我不需要。为什么呢？因为我一天又一天、一家又一家地去拍摄访问其他创业公司，本身就是一个巨大的“联合办公空间”啊！不同的是，他们的联合办公空间是“空间”上的，我们的是“时间”上的；他们的是“平面”的，我们的是“线性”的；他们的是“集结成块”的，我们的是点状分布的。在每一天和不同的创业者交流的过程中，我们在为他们服务和创造价值的同时，都汲取着他们的智慧。

我们劳作的形式太“散”，到处去拜访他们，可谓“打一枪换一个地方”。这就要求我们静下来的时候，必须有一个相对封闭和具有自身独特氛围的空间，供团队内观自省、吐故纳新。人不能一直处于一团五花八门、千奇百怪的“乱场”的包围之下，这样容易找不到自己，团队也一样。

另外，在初始阶段，我们的拍摄和制作环节都是外包，虽然有两个关系特别紧密的导演，但拍摄团队成员平时都是分散在外，他们听导演的号召，随叫随到。这种运作模式为初创公司节约了成本，不用花重金养人，同时可以从市场上随时挑选我们能购买到的最好的制作力量。但最好的制作力量从来都是不愁销路的，这些长得帅、懂审美，会摄像、会拍照的90后小伙子们，天天在外面接单忙个不停，累了就牵着姑娘的手出门度假去了。钱不是吸引他们的第一要素，有趣的工作场景和题材才是。我需要一个既美又有创造力的环境，让“一盘散沙”紧紧凝结成一块“鹅卵石”。

有一些客人来我们的天使花园做客，满心的“羡慕忌妒恨”，不断感叹“好奢侈啊！”我的一位外脑也说：“这样的地方对于一个初创团队，奢侈了一些。”

当有人说你奢侈，你要想清楚两个问题：第一，自己是谁，配得到什么？第二，付出这样的成本后能得到什么？如果你能以人们意想不到的便宜价格拿到貌似奢侈的东西，那就更加是你的能力了。所谓“奢侈”和别的形容词一样，都是相对的，不用在乎别人的评判，唯一有意义的，是你心里的原则和准绳。

37. 把钱给出去

我相信你我一定都经历过这样的场景。

你正沿着街道行走，一个蓬头垢面的老妇人向你乞讨。她的样子真的让人心疼，她的左手和整条胳膊上有明显的烫伤后的疤痕，眼睛好像也已经瞎了，你看都不忍心看。“真可怜！”一部分的你想马上拿出钱包找几个硬币给她，虽然你身上的钱也不多——马上就要交房租了，女朋友又要过生日了……可是给出几个硬币又有什么关系呢？至少你不愁吃穿，而她度日如年。你甚至想掏一张二十元给她。

老妇人已经把手伸向你，她不敢或不习惯抬头看你，或任何人。这时一个思维响起：“会不会是骗子？他们易装打扮后上街乞讨，一个月的收入比你还多。”你想拿钱包的手又缩了回来。

另一部分的你鄙视的声音再次响起：“你病了吗？一个那么令人心疼的弱者在你眼前，你却把人想得那么坏，就为了心安理得地省下几个硬币？”你的手已经摸到一块和五毛的硬币。你再次觉得尴尬，你自己丰衣足食，怎么好意思摸一个五毛的硬币，给这个一无所有、一身病痛的女人呢？

你还是有机会再掏一张二十元钞票给她的，你甚至想到马上要去吃的这顿晚饭，可以少点一个甜点，省下来匀给这个老妇人。但这个时候你已经面无表情地从这个老妇人身旁经过，再走回去已经太迟了。

她什么也没有得到。你也什么都没有得到。

“现在你并没有体会到富足和分享带来的快乐，而是觉得自己像个乞丐一样可怜。你已经有钱了，而且会有更多的钱，而她并不知道人生中是否还有这样的可能。——这是唯一区分你和那个乞讨老妇人的思维。”这是《与神对话》中的“神”对这个场景的解析。

“人本善良，没有人愿意行骗，就算受骗，全当布施。”“只有行骗，我才能吃饱了不饿。”这是唯一区分你和骗子的思维。当你把人当成骗子去防范的时候，你的灵魂受着和骗子一样的煎熬。

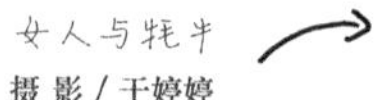

摄影 / 于婷婷

38. 破晓以后

大声说出你要做的事情，让全世界都知道你正在努力，就算破晓了。

势单力薄也不用担心，事情自己会滚。只要你做的事情真有价值，会不断地有人力、物力、财力从四面八方涌来，帮助你。

彩绘艺术家大熊和她的合伙人曹易，还有我的好朋友时尚设计学院的老师费雯俪，在这个夏天办了一个特别有趣的活动，组织了十几所院校美术、设计、新媒体等专业的学生，手绘了一个彩绘艺术长廊，并且要挑战世界上最长的彩绘长廊。绘画活动之余，他们邀请我去给同学们上一节课，分享我的创业经历。

站讲台这件事，真的是最让人战战兢兢的事，既爱又怕，爱的是那一双双求知欲旺盛的大眼睛，怕的也是那一双双大眼睛。万一说错一句话，又恰巧被记住，不知道对一个孩子的人生产生怎样的影响。这不是夸大其词，我们的人生，多多少少也是被某些人不经意说过的某一句话所左右的。

上完课后，我们一起去画室观摩同学们画画。大熊老师要推荐她的两个得意门生给我，一个是设计专业的，一个是文案的好手。大熊是个实在人，她说，我的很多工作也需要设计和文案，但是我觉得他们在你这儿，能比跟着我学到的东西多。我感激地表示很乐意带领他们一起玩儿。

到此为止，我连真正的天使轮融资还没有启动，只有前面说过的一笔不要利息、也不要股份的钱进来，但是已经有几家投资机构来找我要洽谈我的项目了。我表达了感激之后，也没有急着去见。这是一个再好不过的时代，让人可以不慌不忙、稳扎稳打地做事，让人可以有足够的底气去相信，只要事情做得好，其他一切都是不愁的，钱是最后才需要考虑的问题。货币是什么呢？货币是交换资源的媒介，如果能直接交易，连货币形态都是可以取消的，这也是这个时代最大的特点——去中介。

在收钱问题上
自己当初过于幼稚了
情怀可以有
赚钱也很重要

39. 两手空空 满载而归

创业的过程是一个不断自我否定、推陈出新的过程，是一个脱胎换骨、化羽成蝶的过程。在这个过程中，你会学习到永远站在全局的视角审视问题；选择对整体效率最高、效益最大的解决方案；学习消除对个人、对单一事件的片面成见；少说话，多行动，不解释，想办法。

有的事情看起来我执行得很快，比如很多创业者欢迎我们的到访。最终选择的谁，看似我好像在前一晚约了一下，第二天就过去拍了。但实际上，在决策以前，我已经在脑海里过滤了好几遍，哪一个拍出来效果最好、传播率最大，对创业公司以及我们自己的品牌和口碑最好。正所谓“疾思缓行”，迅速地思考和解析，从容地、精准地行动。

每个创始人都有不同的人生轨迹、独特的形成过程，都有各自的软肋和盲区。

“我发现往往内心存在很大空洞的人，最终会去选择创业。”我第一次见投资人 Linda 时，她就表达了这样的观点。第二次在北京见面时，她又对此抒发见解。

人人内心都有空洞，洞的产生多数是由于童年时代的一些情感欲求没有得到满足，甚至存在很大缺憾。这些洞源自我们跟原生家庭、父母、兄长、邻居、老师、小伙伴们之间的关系。

有一次我跟母亲做了一次深入的沟通。我埋怨她的观念和思维方式影响了我的自我认识和行为方式，“妈妈，你内心深处的自卑影响了我，让我不管自己做到多好，总有一层自卑的阴影笼罩着我，觉得自己不配得到最好的东西。”

那次我跟母亲两个人说着说着都哭了，她给我讲起她自卑的来源。她小时候住在林场，我的外公是东北林区大开发时的第一代伐木工人，没有什么文化，全靠一身苦力赚钱养家。偏偏他们的邻居是林场里的干部家庭，母亲跟这家的小姑娘是同学，经常一起上学一起玩耍。“我是班级里学习成绩最好的，但是我们在一起的时候，别人永远宠着她，对我视而不见。”后来那个干部家的孩子学习不好没有考上学，早早工作了，而母亲考上学去读书，不仅不赚钱，还要继续花家里的钱。邻居来向外公炫耀他家孩子赚了多少钱的时候，在学校发奋读书的母亲就要遭到外公的一顿批评。这就是母亲自卑的源头——源自她的原生家庭、她的邻居和她的父亲。

“那你为什么以你不喜欢的同样的方式对待我，你的孩子？我每次都考第一，为什么过年你不给我买邻居丽丽穿得那么漂亮的新衣服？为什么那样节衣缩食，我们家又不是特别穷？”我几乎在质问我的母亲。

“我没有意识到。”她承认她自己的局限，而我必须接纳。

在我十来岁的时候，有一天放学后的傍晚，我蹲在灶火前，唯唯诺诺地跟妈妈说，我想要一件跟邻居家的丽丽一样的红彤彤的新大衣。“为什么她的妈妈给她买，你却不能给我买？”小孩子的思维很简单，认为妈妈给我买新衣服就是爱的表示，不买就是不爱。

“你要跟人家比学习成绩，不要比穿衣服。”她这样回答我，我再也没有说话。

那年我小学三年级。后来，后来我排了整整七年的年级第一。

想想真可怕，那个蹲在灶火前的小女孩，一定以为只有考了第一，妈妈才会爱她。

故事还没有讲完，后来在我大学毕业后的好几年里，我在物质层面的最高追求，就是一年 365 天每天穿不重样的漂亮衣服，我居然做到了。我说过，你想要什么就一定会得到，我们足够聪明和努力，所以要想改变你的生活，第一要改变的就是“你想要什么”。

听起来很好笑，但这样的故事每天都在上演。我的一个女朋友长大以后经常一个人在游乐场疯狂地玩上一天，坐过山车、跳床、打水枪，就是因为小时候有一次她要去游乐园，她妈妈没有带她去。

而我在长大成人并钻研了很多心理学理论之后，也了悟到我小时候对我身边的孩子们造成的影响。在我漫长的排第一的中小学生时代，几乎每一个家长在我面前都会指着我对他们自己的孩子说：“你为什么不能像于婷婷一样呢？”“你的学习只要能赶上人家一半，我就知足了。”我几乎跟其他父母对他们子女的挑剔和指责同时出现，这让我长大之后很长一段时间，都不知道如何跟同龄人交流。这些因为语言、行为使孩子对人与人之间关系的扭曲认知，都是“空洞”。这些空洞，跟随他们长大成人，在有的人身上甚至跟随了一生——如果他后期没有能力弥补自己内心的空洞的话。

美国心理学家简•博克和莱诺拉•袁合著的《拖延心理学》中写道：

“所有家庭经历都会给孩子留下关于怎样被爱的某些观念。在有些家庭，爱是无条件的，人人都以他们的本来面目被接受。在其他一些家庭中，爱是有条件的。例如，在有的家庭中，爱表现为对彼此生活中每一个细节的关心，而在另一个家庭中，被关心的诉求则会被认为是一种打搅或冒失。”

神经学家指出，人脑对未来的期待是以过去所习得的东西作为参照的。在你不能对世界建立更全面和正确的认知以前，你期待别人对你的方式就是你父母曾经对你的方式。

就像我母亲说的那样：“我那么小，我没有能力选择我的邻居是谁。”

我们每个人都有无法选择的过去，但是我们有换个角度看待自己过去的权利。你可以把它们当成是别人曾经经历过的事，事实上你再也不是早先的那个自己了，不是吗？

将过去整合进你的当下，并为未来之路做出自己的抉择。

当我像个大人一样同情身边嘤嘤啜泣、诉说着童年时代她的邻居对她造成的心理阴影的母亲时，我发现自己终于长大成人，释怀了过去的一切。我是一个新的我了。

这个过程中我必须感谢一个人，十分关心并且想投资我的风险投资人 Linda。我们第二次在北京见面的时候，我没有按照前一次交流中她所表达的希望，对我的项目做出任何调整。

“那你为什么要来见我？”

“因为我上一次答应来见你。”

“既然我们在方向上已经达成共识，你为什么不那样去做？”

“因为我害怕自己做不到，我觉得自己能力还不够。”

“什么时候够呢？在你绕了一大圈、浪费了三年时间之后，回过头来就够了吗？你在束缚你自己的创造力，你知道吗？而你是个非常有灵性的人。”

“是的，我知道自己有灵性。”

“有人说你男女通吃吗？男人和女人都很容易喜欢你。”

“……这个，倒是有几个人说我雌雄同体。”

“其实，在别人眼里你很自恋。”

“你觉得自恋是因为潜意识里被爱得太多，还是因为缺乏爱？”

“缺爱。记住爱是无条件的，不管你怎样，爱你的人都爱你。”

“婷婷，我希望你实现你所有的梦想，你有这样的灵性与能力，这样你就不用让你未来的孩子替你去实现你的梦想了，像现实中很多父母不自觉的那样。”这是我们告别前，Linda 最后说的话。

创业是一个脱胎换骨的过程，也是一个不断靠自身内在力量和智慧，填补本来内心空洞的过程。我们从很多投资人那里得到的不仅是钱、资源，还有人生的智慧。

去慎重地选择你要见的投资人。喝一杯咖啡或水，哪怕什么也不喝，两手空空却满载而归。

40. 天亮以前

大声说出你想做的事，让所有人知道你正在努力，就是“破晓”。

等到产品正式上线那一天，就是“天亮”了。

从破晓到天亮之间，有一段特别寂静的时间。就像等候一个孩子降生那样，一切都是未知——它眉眼的样子，它的啼哭声，别人对它的反应；一切又都心知肚明——它的基因、它的名字、人们对它的爱。

《婷婷创立》正式上线前一周，我出差到哈尔滨，顺便回了趟家乡——伊春。

第一天来到城市时我就知道，我是大森林的女儿，至今我的外形和精神气质里，还有着浓郁的山野气息。这源自生我养我的故乡——林都伊春。它是全中国区划面积最大的地级市，森林覆盖率达 87%，有几百年甚至上千年的原始森林。

儿时的夏天，孩子们和大人们一起在河边洗衣服、捉鱼虾，踩着悠悠荡荡的木桥到对面的丛林中去采蘑菇，时而有松鼠和野兔在身边经过。冬季里我常听到猎人和雪山上的熊瞎子搏斗受伤的故事。考完试的寒假，我依偎在“毕毕剥剥”的火炉边读《福尔摩斯探案集》。

从我大学毕业那年起，我有将近十年没有在夏天回去过了。

傍晚吃过饭，我和父母在河边的大坝上散步。刚刚下完一场雨，

空气清新得沁人心脾，河面上的层层云朵还没有散去，厚重得仿佛可以躺在上面睡觉，河畔紫色和黄色的小花星星点点地开着，有人踩在河中央的石头上钓鱼。

走着走着，天边的云渐渐烧起来了，从淡粉色燃烧到一团猩红。

我突然想起来，小时候的傍晚，吃过饭在家门外跳皮筋，天边就燃烧着这样的“火烧云”。人们通过傍晚云朵的形状和颜色，来预知第二天的天气。

摄影 / 于婷婷

小城的上空萦绕着钢琴曲，整个林城像个安静祥和的大公园。两个从上海跟我到这儿的朋友不断感叹："这里人的生活真的太美好了！"

"我们不断走出门去寻找，却忘了最美的美景，就在你出生的地方。"我心里想。

在东北故乡停留了两天，几乎顿顿"遭到"父老乡亲的热情款待，从锅包肉、地三鲜吃到各色水饺、菜团发糕，佐以各种野果酿的酒。我终于在回程航班当天犯了胃肠感冒，从凌晨三点钟开始上吐下泻，折腾到下午两点登机。送我去机场的路上，母亲问："是不是像脚踩棉花啊？""什么脚踩棉花啊，感觉压根没有腿。"我说。

航班上的五六个乘务员都在服侍我，给我盖毛毯、加热水，让我感动极了。经停大连的时候，他们主动帮我提行李，叫地勤人员来接应，重新登机后还把我的位子调整到前排的机组人员的座位，方便我有事叫他们。临下飞机的时候，乘务长还过来询问要不要坐轮椅。我大吃了一惊说"不用的"，一定是我的脸色太差、行动太过迟缓了。一直到我下了飞机，走到出口，都有同行旅客为我拉行李。

我突然发现，一个虚弱的人真的会遇到好多好心人的帮助啊！我狡猾地决定以后出门要多穿那件叫"柔弱"的外衣，哈哈！

那天晚上在上海下飞机时，下着大雨。我拖着病殃殃的身体，坐了一个钟头的出租车到家，发现家里断电了。点着蜡烛吃过药，叫房东公司负责后勤的 Bruce 来修电。他离开时，房间里重新灯火通明。

我承认当时心头掠过一丝寒意，但一个镇定的声音当即告诉我：“这些都不算什么。”

睡了一大觉后，我的身体迅速好转，第二天上午写作四个小时，下午就出门跟一个公司的创始人开会去了。

如果说这一年我还有什么遗憾
唯一的就是忽略了自己的身体
借以提醒你们，我亲爱的。

41. 倒计时

我为《婷婷创立》选了 7 月 28 日正式上线，这意味着他是狮子座，跟我的上升星座白羊很相合。

在历史上，这一天还曾经是第一次世界大战爆发的日子，秘鲁宣布独立的日子，阿姆斯特丹举行第九届奥运会的日子。

在距离节目上线两天时，我失眠了，像很多母亲产前焦虑一样。我在反复看了三遍即将发布的片子之后，给后期剪辑负责人发了 24 条修改意见，他答应第二天一早就改好给我。然后我的脑子里层出不穷的问题还包括：文案页面设计、排版、图片的使用、最近出差还没有报销的发票、假想敌几乎在同一时间上线的节目、还没有拿到钥匙的工作室、公司未来的走向、我个人未来的走向、融资计划、股权激励……

几乎彻夜未眠。我决定从床上爬起来，重新回到桌前写字。这时候，一束暗淡的白光从我身后的白窗纱伸进来，紧接着，我听见这天的第一声鸟鸣。

天破晓了。

鸟儿们受到头领的号召，开始叽叽喳喳开会。

破晓以后，天亮之前，除了鸟儿的欢唱之外，四周一片静寂。我能做点什么呢？我决定出去走走。

我第一次看见弄堂口的包子铺旁边，有扇小门，里面是一个狭长的厨房。

图书馆的上空飘着几缕淡粉色的云，清洁工在赤膊打扫。

一户人家的保姆在擦一辆十个月都没有上牌的黑色轿车。

很多衬衫领子和袖口在裁缝店橱窗里上下排列。

眼耳鼻喉科医院的门外已经排有七十来人的长队，有老弱妇孺。

绕回到弄堂口，问包子，第一次听见“还没蒸好”。

鸟叫声从欢啼转为啁啾时，黎明到来了。

我不知道接下来的一天，将发生什么，又大概知道接下来的一天会发生什么。一切悬而未决，一切又尽在掌握。这就是创业的迷人之处。

“每次一到片场，我就像上了一架飞机，祈祷这家飞机不要失控。”

——[美] 斯皮尔伯格

62. 上线

这一天既是天堂也是地狱。天堂即地狱。你想要的也将是你害怕的。

“想要”就是贪婪，“害怕”就是恐惧，它们历来是一对孪生兄弟。

早上刷牙的时候，我感觉这一天是十多年前即将参加高考那一天。

我、我们都准备很久了，做尽了能做的一切，但仍不确定到底够不够多，够不够好，有点听天由命的意思。又还想在成绩单出来之前，最后做一点能做的什么。

早上九点，距离我定的当晚八点十分发布第一集内容还有 12 小时的时候，我发现公司的 LOGO 完全不能用，那是三四个月前行风为了应付印名片，临时在网上花几百块钱找的设计，几乎没经过任何设计的设计。

于是我开始自己设计。

我开始拿钢笔在纸上潦草地画图。

骑翼，英文是Riding with Wings，缩写RW。R像汉字中的“马”，W 像翅膀。

我频繁画，迅速地画，奋笔疾驰，画了一遍又一遍，大概上百个。

突然发现了一个比较中意的，急中生智发给我认识的三个做设计的朋友，问他们的评价。“想法很好，表现力不够。”其中一个说。

中午的时候，他给我改过的第一版设计稿，橙色的RW，看起来像一匹马儿张开翅膀。但他自己不是很满意，说不够酷。我也觉得线条不够飘逸。我拿去给一位很懂得审美的朋友Lin看，他看后说：“还不如你画的原稿，你画的翅膀是要起飞，设计的翅膀感觉是想降落。”

我马上把这个意见给了一个美术学院大四的学生设计师，他很快给了我一个修订版。我觉得不错。

只剩下五六个小时了，《婷婷创立》节目也还没有LOGO，我让这个大四的学生同时设计。他在下午就给到我两个方案：一个以我的肖像照抠图为底板的人形LOGO；一个英文字母T形的

↑ 我为公司设计 Logo 的手稿

LOGO，T 字里面正好嵌入一朵莲叶，取义亭亭玉立、积极向上。

一开始我不大愿意接受莲叶的设计意象，因为节目整体风格是现代感、科技感、未来感、都市感，而莲叶的意象太偏传统。但是两个设计底稿一比较，Lin 说 T 字形态的 LOGO 好，另外一个过于女性化。我觉得有道理，于是将节目的 LOGO 定为 T 形。

按下发送键是容易的，但之前的五个小时我们过分纠结于内容和细节的完美。确切地说，我嫌小伙伴写的文稿没有温度，于是执意自己写，自己甄选每幅图片。时间一分一秒地蹉跎下去。

我认为的好就是好的吗？我认为对的就是对的吗？我认为受众会喜欢的就是他们真的会喜欢的吗？没有人可以证明。

最后，我们迟到了。在 7 月 28 日 20：29，我们发布了第一集内容，看似好像是个历史时刻，但又太微乎其微，算不上什么了。

我在第一集内容发布前三个小时的疯狂紧张、出语不逊、高声尖叫，让当时团队中的一个小伙伴 Lyla 感到非常受伤。后来几天她不跟我说话。我几乎觉得她会离开我们的团队了。我说了抱歉，也做好了心理准备，准备应付任何人的离开可能造成的麻烦。但内心中我不想向任何人道歉，也认为没有必要。所有人应该为自己的选择负责和承担后果，我们应该学习相爱、相处、共事、沟通、体谅、认识事情的本质，在推进事情进展的过程中尽量少动用情绪，即便动用了情绪也能尽快化解。

太自我和太没有自我都不行。这中间需要尺度的拿捏。

节目正式上线的那天晚上，许许多多人向我表达了祝贺。可是我的心情很复杂。往往所有你预计的喜悦时刻，在真正到来的时候都不是喜悦的，五味杂陈，一言难尽。

年轻时你要翻过很多山，就是为了知道山的背面其实什么都没有。但这不代表我们就不去翻下一座山了，因为什么也不做更无聊。

我写下这样一段文字：

“请你们原谅，一个难产的母亲、一个吹毛求疵的产品经理、一个孜孜以求的创始人、一个漏洞百出的 girl、一个工作时大呼小叫的 bitch、一个熬了两个通宵才弄出这点破玩意儿的会计生、一个女儿、一个失恋过懦弱过无能过的人——一个至今仍躁动不安的灵魂。”

不过是因为，我想创造。非如此不可，才得以活下去。

原谅我，一个大脑熊熊燃烧了 48 小时未熄的人。此刻，想感激太多人，一个个、一句句去感谢，但手指不够，你们相信我会有心吗？

从 2014 年 10 月至今，我遇见的每个人，遭遇的一切，我对你们深深感恩。尤其是为我付出时间，跟我共同拍摄、探索的制作团队和创始人们。今天我没有呈现和讲出的故事——关于创业和生活的故事，我记得、收起，终有一天和盘托出。

谢我家阿姨，煮饭扫地，让我持续烧脑、写作、四体不勤，仍可活下去。

谢每个投资人的建议、认可、扶持……

谢团队小伙伴忍辱负重，挨骂，就差没挨打，我该检讨，日后杜绝一切脾气。

不谢了，太俗了……

人说创业不归路，敢问人人向死而生，有可归的路么？

最要，痛快淋漓。

03. 静寂

一切陷入突如其来的静寂当中，如同女人生产之后的晕厥或沉睡。

一个早晨，阳光跳跃的指尖穿透白窗帘，有人在远方抽着一根意大利烟斗。制斗的老工匠刚刚在威尼斯过世了。

生活里有些时刻是久违的空洞。空洞很好，空了，才有灵感降临。

“真正的艺术是生活本身，一呼一吸都是作品。
唯一最大的投资也是生活本身，一呼一吸都是回报。
没有什么事情是重要的。
我什么也不期待，什么也不需要，我很长时间什么也不做，感觉好极了。
生存的关键主要看花多少，而不是挣多少。你得知道可以维持生计的数目。
我唯一有的资本只是时间，不是钱。”

——[法] 杜尚

44. 没那么简单

Miss Lyla 还在生我的气，像一个受伤后任性的倒地不起的孩子。我一点都不想跟她道歉，可是她自我愈合的速度实在太慢了，我只好出手干预。

从厦门一家著名房地产公司辞职、加入到我的团队来以后，她就暂住在我家。她的五大包家当堆在小院子里，三包行李摞在一起把接着水管的水龙头挡住了，地上的十几盆植物没法浇水。伏天来了，它们就要枯死了。三天里面，我让阿姨给 Lyla 煲汤，她也不喝；跟她说除工作以外的一切话，她都不回答。她在报复我在节目上线当晚情急之下的粗劣态度。

我们之间的关系并非单纯的老板和雇员间的关系，是因为她妈妈和我妈妈是同学，我们俩也毕业于同一个高中，她比我小三级，从小把我当姐姐、目标、榜样。前一段时间看我做的事情有意思，就决定来加入试试。她在大公司做了很多年，工作业绩突出，前程似锦，习惯了有条有理、规划分明的工作模式，显然还没有准备好加入一个初创团队，承担这创业过程中的动荡与风波，就误打误撞闯了进来。

终于在一个早上，我觉得有必要把她拉出去谈谈。于是她带着一副十分不情愿的表情，跟我出去吃早餐。

“你不开心是吗？”我说。

“你觉得呢？”她质问我。

“是因为我那天晚上刺耳的尖叫，对你呼来喝去吗？”

“你觉得呢？”继续质问。

“嗯。”

“你放心，我有自己化解的方式。再多给点时间吧。”她冷漠地说。完全没有表现出任何沟通的意愿。

我跟她对话时的感受，就像喉咙里噎住了一只蚊子，怎么也飞不出去。

如果你还觉得被误解或沟通不畅，是什么值得委屈的事情，就证明你还不适合创业。我突然发现再没什么事好让我委屈的了。身边流过的一切都只是一些现象和等待解决的问题，怎么解决是我唯一要考虑的。动用思维，而不是动用情绪。

我们面对着一扇大玻璃窗，吃完了早餐，断断续续有一些对话，彼此都很尴尬。终于，我决定放弃。

有时候，什么也不说的好处，远远大于说很多。

如果你确定心里有爱，就可以什么都不说。

我去收银台买了单，拍拍她的肩膀，说：“我回家去写作了。”她留在咖啡馆工作。

走回去的路上，我给自己买了一杯由紫色火龙果、苹果、梨榨的果汁，慢悠悠地喝进身体里去。途径一家画廊，进去选了三张正在展览的作品的明信片。其中一张上面画着张欧洲人的脸，名称叫《憧憬》，眼神却平静而不抱任何希望，跟我此刻的心情一样。

我不抱希望 Lyla 能很快缓过来，甚至她恨我下去都无妨。但我同情地觉得她在受苦，唯一使我不安的是这个。

“如果你真懂得爱，就不要报复
那是持续的自我伤害
如果你热爱自由
就别追求自由
自由也是枷锁
渴了喝水，困了睡
累就歇歇，热就脱
Love
Is not about holding on,
It’s also about letting go …”

我在那张欧洲脸的明信片背面写下这段话。

当天下午 Lyla 就缓过神来了，晚上忙完工作到家跟我有说有笑的，还专门给我买了马来西亚的白咖啡。

我说什么了。

Love is not about holding on, just letting go…

↓ 我写给 Lyla 的那張明信片。后来，没过几天，她就决定离开我们团队了。我既不挽留，也不惋惜，这就是一个创始人在创始之路上必然经历的孤单。

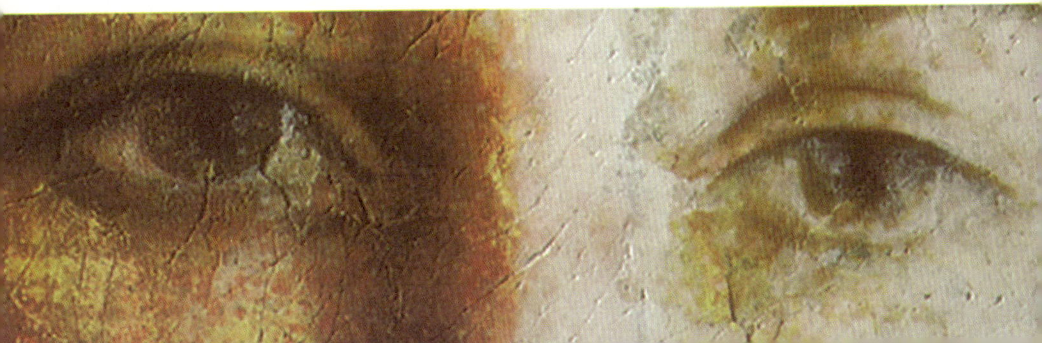

15. 最好的产品源于爱

我创业的时间轴被 7 月 28 日那一点切割，一切都变了。重点是，我变得更加从容。

道路两旁的法国梧桐衔接得密不透风，上海进入持续四十度高温的伏天，并不热。因为我的心更热。

我们仍然在按部就班地拍摄创始人，要在下半年完成 100 位创始人和创业团队的拍摄。大话我早就说出去了，也不打算反悔。很多人跑来告诉我，这个“伟大”计划让他们很激动。我一点也不觉得伟大，对他们来说，这只是一张蓝图，对我和我们的团队来说，这是一堆方法和流程。是的，我们必须找到合适的方法、效率最高的流程，才能把大话变成现实。

不断有人问我："请问你的商业模式是什么？"我没有急于回答。

我开始尝试一天连续拍摄两集。

王昇和他的团队做工业设计做了十五年了，他们给很多有名的大公司设计过产品，包括 ABB 机器人。这几年很多设计公司开始谋求转型，很大一个原因是设计得再好，到头来设计师们发现跟自己没多大关系。设计是产品的魂，好设计完全可以使一个产品起死回生，产销量翻个几倍是很平常的事，但设计公司不过就赚一笔设计费，无法分享到产品的销售利润。有的中小企业连设计费用也不愿意付。

另外，出于中国知识产权保护的薄弱，很多好设计一出来就会被疯狂抄袭。花几年时间去设计一个产品被认为是傻子才会干的事情。工匠精神，真的很稀缺。

王昇去做了这个事情。他们用两年半的时间设计了一个奶瓶。

两年多前，他和合伙人都刚当爸爸，经常深更半夜爬起来给孩子喂奶。喂着喂着，发现国内很多奶瓶都不好用，要么不好看，要么功能和细节不够到位。于是，他们就想自己去设计奶瓶。

工业设计上的专有名词和工序我不大懂，但据说他们光是一遍遍给各个零件换模具，就投资了200多万元，找可以合作的生产厂商就用了三个月时间。他们的奶瓶有小企鹅形和小蘑菇形的，用了全球最安全环保的生产奶瓶的材料，有的专门给奶爸用，有了专门给妈妈用，有的给小宝宝自己用。拍摄的时候，我看了他们的产品真的满心喜欢，让人产生一种想养孩子喂奶的冲动。

好的产品，有一种让人热爱生活的力量。

有趣的是，王昇他们最热卖的爆款奶瓶刚出来，就被抄袭了。他在母婴产品展上看到，别的品牌在展出形状几乎一模一样的奶瓶，只是在细节上略微修改，换换颜色。他怀疑设计图纸在他们寻找合作厂方的时候流出，正在收集证据。我们在《婷婷创立》中，针对知识产权的保护和国内的创新环境，聊了很多。

那天拍摄的另外一集内容，是儿童护眼产品“小目”的创始团队。这个创始团队成员有七个爹、一个妈，他们研发的产品可以装在平板电脑的摄像头上，在孩子们使用电脑的时候调节屏幕亮度、提醒休息时间，应用的是传感技术。这个项目当时已经受到很多投资人的热捧。

对于那些在养孩子的过程中产生灵感，要发明创造一款产品，让孩童们的生活更安全、健康、美好的创始人，我真的很尊敬。希望他们的产品和公司都有好的前景。

66. 仰望星空，脚踏实地

视频产品的好坏做到最后取决于两点：一个是审美，一个是对人性的拿捏。审美可以用技术解决，后者则需要一点天赋。《婷婷创立》上线以来，开始受到越来越多的好评，很多人看到节目后主动来找到我们，谈合作，或者想上我们的节目。

我们访问报道的友加的创业故事感染了很多人。“友加”是一个给 90 后用的社交软件，打出的口号是“让全世界陪你说话”，有 4000 万注册用户，日均活跃用户大约 400 万，当时的估值在 2 亿美金。友加创始人 Lerry 是上海交大毕业的，他的一位交大师兄毛羽博士在做一家传媒公司，出品过很多财经节目，播出端也已经打通了包括卫视、手机终端、IPTV 在内的很多渠道。毛羽大师兄看了我们的节目后，非常感兴趣，通过Lerry找到我，要给我们提供演播室，一起打造一个创业项目路演的直播节目。我们聊了整整一个上午，碰撞出很多可以合作的火花来。

一些创始人朋友觉得我们做的节目好，为我推荐他们创业的朋友上节目。上海哈佛大学校友会、哈佛商学院校友会也来主动联系，推荐他们的优质毕业生创业者。我们可以选择整合的资源越来越多。

我开始提醒自己，避免陷入事务性的忙碌之中，被无穷无尽的事务绑架。一旦内容要批量生产，优化做事的流程、提高效率就非常重要。在标准化流程当中，我们还要留给创意一定的空间，保证每集内容都有独特的味道。

在《婷婷创立》的空间里，人们很难定义我是什么角色，“我”不同于传统意义上主持人或记者的身份，而是打破了采访者与被访者的边界，以一个“创始人”的身份去和对方平等交流、对话。“没有摆拍、不经预设，让一切真实自然地发生！”是我们的创作宗旨，这能让创始人们在镜头前显现出最迷人、真实、最具独特魅力的样子。

世界有很多样子，你换张脸，他就换张脸。成为创始人之后，我看到的世界跟以前打工的时候天差地别。我的身边突然之间都是自己做决策、对自身生活和命运有更大控制力的人。他们身材更好，生活方式更健康，讲起话更掷地有声，决策和行动的速度都更加快，我被包围在一团亢奋而高效的“场”中。

有时在节目拍摄当中，创始人朋友知道我们没时间吃饭，会特地买好饭带过来，给我和我的小伙伴们，特别温馨。

统一人的思想的确是最难的事。我们的核心团队成员才三四个人的时候，针对关键性问题就开始出现不同声音。有一天，忙碌了一天一起吃晚饭的时候，行风说我们应该考虑做视频众筹平台，如果方向确定的话，立马把《婷婷创立》停掉都不要紧，因为这是特别辛苦，又很难获得高估值的事。他是接近 90 后的男生，毕业于复旦金融系，对证券市场“空手套白狼”的价值观有着毫不掩饰的认同，对成功有迫切的渴望。他聪明和缜密的思维方式以及吃苦耐劳的精神都使得他有资格追求这些，我唯一担心的是他有时候表现得有点缺乏耐心。

当你想得到一样东西的时候，期望值越高，得到的概率越小。明白不争之争、无欲则刚的道理，当然需要足够的时间和经历，他还年轻，还有很多时间去磕磕碰碰，像我曾经那样。想到这个，我的心宽了一些。没有人能代替另一个人去体验失误，连父母对孩子都不行。

你身边的人随时都有可能离你而去， 我一直有这样的心理准备。而真正能解决问题的人也不在你面前，你需要更多时间寻找和等待。

我看起来特别乐观健朗，但不知道从什么时候开始成了一个非常有忧患意识的人。在大大小小的决策中，我每天都在准备迎接最差可能的到来。

就像查理·芒格说的，“这漫长的一生，我都在期待麻烦的到来。”“我总是期待麻烦的到来，准备好麻烦来临时如何对付它，这并没有让我感到不快乐。这根本对我没有任何害处，实际上，对我有很大帮助。”

别人的想法，
是飘忽不定的。
他们想着和恋人幽会，
想走大运或出大名，
我总是想着麻烦。
我的想法是稳重的，
所以当麻烦来临时，
我早已做好准备。

——— 英国古典文学学者、诗人 霍思曼

Embracing uncertainty

拥抱不确定性

07. P^2=人的平方

在行进的路上，我不断遇到一些志同道合的人。P^2 联合创业办公社的创始人兼社长 Bob Zheng 是我非常欣赏的一位。

他有一双非常智慧的眼睛，讲起话来眯成细细一条，说话时气息平静，使人觉得他讲的每一句话都深思熟虑过。不像我，我讲起话来常常像放机关枪。

Bob 运营联合创业办公空间的理念非常虔诚，他有一颗博爱的心，同时有着狮子座男人特有的保护欲，对空间中每一个创始团队都呵护有加。“我做的第一件事情，就是让这里的租户忘记我的房东身份，你也需要让创始人们忘记你的媒体身份。”这是Bob给我的很重要的一个建议，让我非常受用。

Bob第一次听我说我要制作一档跟创始人有关的节目之后，两眼放光。他对媒体的运作非常感兴趣，并且有很多自己的想法和大胆的尝试。在一个物理空间里，每分每秒都在发生的事情，如果用视频手段线性记录下来，就是一个无穷长的纪录片。空间里的人物和组织等主体相互之间，密布着网状的关系，后期剪辑手法可以选择性地呈现那些最激动人心的关系。他们经历过什么，彼此之间发生了什么；一个产品从一个idea到最终落地有过多少周而复始，一个项目怎样起死回生；创始人们如何吵架，他们心力憔悴、分道扬镳时有人流泪吗？有人喝醉吗？有人在空间里谈恋爱吗？最后甜蜜地牵手步入婚礼现场了吗？

Bob为了用视频记录这一切，曾经动用过Gopro、摄像机，后来因为海量素材堆在那里，实在很难入手剪辑，而把计划搁置了。

“我们完全可以通过视频呈现创始人在你这儿的爱情故事。”我说。“是呀，都成了几对了。”有一次，我在P² 还看到创始人的儿子从新疆来，在创客中心活蹦乱跳。Bob说，他以后会弄个P² 幼儿园。

只有创业者才更懂得创始人。“创业是牺牲很大的一件事情，你会为它改变你的一生。”
“你牺牲了什么？”我问Bob。

“我最好的哥们儿。”

Bob 第一次创业，是做一个帮助中国学生到海外留学的网站，他把最好的朋友从加拿大拉回来，烧了很多钱。有一天兄弟说：“我要回加拿大结婚了。”Bob 装了一大袋子现金，把所有股份买了回来。听他讲到他一边往外掏钱一边流泪的那个画面，我的眼泪就止不住流了下来。他说后来他们再也没有联系过。

创业无非是不惧怕受伤和挣扎，放弃了安全，选择了一种更敏感和轰轰烈烈的生活。

63. 一封来信

《婷婷创立》播出到第四集的时候，我收到一个做智能机器人教育的美国创业团队的来信：

"婷婷：

恭喜已经推出的几集精彩访问，真的好赞！我们现在三个创始人都在上海，一直到 9 月 10 号。之后合伙人要回美国跟进研发以及北京的运营。所以希望可以趁着都在上海的时候，挤进你的节目单。"

这是萝卜太辣的创始人张尧写给我的。后来她和她的团队，也成了我们节目中非常精彩的座上宾。

09. 谣言与泡沫

时下正当资本充裕，任何好模式一出现，便瞬间被疯狂复制。好公司估值越来越高。

“存在创业泡沫吗？”我在节目中问青苹果健康的创始人徐嘉子。她是哈佛商学院毕业的创业者，人长得漂亮，性格开朗能力强，公司做的是移动医疗，这些亮点加起来足以使她成为一个令人瞩目的创业明星。

“对于创业者来说，这是最好的年代，资金、资源、技术等要素都特别充裕。”她聪明地回避了我的问题。

类似《22 岁哈佛神童颠覆视频业，半年公司估值超 20 亿美金》这样的文章标题越来越多。成为一个资深媒体人的最大好处是，看见一个标题，就知道文章里的水分。当人们津津乐道于文章内容的时候，资深记者们的视线从导语那一行就移开了。太多公司股价的涨停和跌停，甚至破产和起死回生是他们制造的，他们对媒体的把戏和力量了如指掌。

这怪不得媒体，媒体从业者也并不比大众聪明多少，他们利用的是“当公众陷入群体性亢奋时，将独立思考和判断的重要性抛到了九霄云外”。媒体是怎样将人性的弱点玩弄于股掌的，只要读读《一个媒体推手的自白》就知道了。

多年来中国一直在倾力建设多层级资本市场，自媒体出现以后，媒体市场也前所未有地层次丰富，“人人都是媒体”“人人都是移动互联网”之类的言论甚嚣尘上。“人人都是媒体”的说法并不负责任——如果媒体概念还需要承担一定真实客观的使命感的话。但如果像法国营销学专家让-诺埃尔·卡普费雷说的，谣言就是世界上最古老也是最本质的传媒的话，那人人都是媒体是成立的。

“谣言是一块巨大的集体口香糖，咀嚼之余，它不可抗拒地会失去味道，因而召唤另一条谣言来取而代之。这条谣言同样令人喜爱，负责占领人们的嘴巴，它同样也是短命的。”

——［法］让-诺埃尔·卡普费雷《谣言：世界最古老的传媒》

创业泡沫，很大程度上是由不负责任的媒体助推的。当泡沫破裂的那一天，以此苟活的媒体也必将衰亡。

10. 贪玩又贪心的孩子

选择自己去成立一家公司，风险自担、后果自负的人，一定是人群中更贪心的人。他们一定是聪明和勤奋到已经满足了自我的几层基本需求之后，想要自我实现。根据马斯洛五层需求理论，自我实现感是人类最高级别的心理需求。

我见过很多创始人，他们小小的身体里潜伏着巨大的张力与能量，要么将一摊子事铺得很大，要么在一点上挖掘得很深。这些人还有一个共同点，他们做什么都能做得比大部分人好。比如青苹果的创始人徐嘉子，是个瑜伽高手，我们拍摄她练瑜伽的时候，我亲眼见她不费力地就能做出最高难度的体式，完全是教练水准。原因很简单，他们做什么都对自己有要求，而且聪明到能够找出正确方法，又愿意勤学苦练。当人脑的思维运动被开发到一定程度，破解所有问题都会提速。

其实，我和我的创始人朋友们，不过都是些贪玩又贪心的孩子。我们受不了被支配，去做价值观上不认同的事情，必须玩自己爱玩的游戏，自己制定游戏规则，倾情投入、淋漓尽致地玩儿；我们又那么贪心，想做出点样子来给人看，想去改变世界哪怕一点点，让人们欣赏、赞美，借以慰藉自己常常被美化为“使命感”的虚荣心。我们的贪玩又贪心，是极好的，因为对社会有益。

51. 洒脱与焦灼同在

有了更多钱之后，公司做起事是不是会更容易？我跟很多创始人讨论过这个问题。普遍达成的共识是否定的。很多人的经验是，拿到更多钱之后，会面临更大、更棘手的问题。

“后面你的投入和牺牲，会越来越多。”有一回，做风投的朋友艳波对我说。

那天他大学同班同学的太太过世了，因为癌症，英年早逝。他心里受了些震动，就打来电话聊了一会儿。他已经是三个孩子的父亲，近来因为工作频繁出差，忙得停不下来。每一个有饱满家庭生活的人，无论男女，在事业之路上疯狂出差的时候，都会权衡在美好生活上做出的妥协和牺牲。

“一旦启动，你的投入和牺牲，会越滚越大，是个无底洞。”他对我说。

我想了想，回应，“我知道，但这是我的选择。”

一个爬起来赶火车去杭州开会的清晨，我发微信给好友容么么的创始人 Lily 求安慰，她回我：“别忘了，这正是我们想要的生活。”我一听立马把心里的自怜咽了回去。

偶尔不是没有委屈、疲惫和自怜的，这跟我是个女的无关，男人也会有——但还好，都是可以自己消解和咽下的。

在行进的途中，会不断有人提醒你，这是你人生时间成本最大的阶段，不要做让自己后悔的决定。所有人都在权衡，权衡利弊得失，算计来算计去的，好像自己真的算得准似的。我不喜欢这种态度。“当你把所有不利因素分析殆尽，我已经把这事干了。来，下一趴（part）。”我喜欢这样。

此刻，就现在，这是我人生时间成本最大的阶段吗？我想问的是，你五六岁的时间，和你五六十岁的时间，哪一个更宝贵些？你昨天的一分钟跟明天的一分钟，难道不是平等的吗？你活力四射的一小时，与行尸走肉般被摆布的一小时，哪个成本更大？

前戏与高潮的时间，哪段流逝更快，或更加值得？

时间的价值是绝对的，无法比较。人类大部分“常识”和“观念”并不正确，多问问为什么，多问自己的心。只要能做最真实的你自己，你就不会错过任何宝贵的东西。

但即便我想通了这一点，偶尔的焦灼还是难免。很难说这种焦灼具体来源于哪里，它并非担忧、焦虑、着急、不满意等情绪那么简单，也不是这些情绪的总和，它更像一种过度的专注，时时刻刻把我的心血管和脑神经牵扯在一根线上，越拉越紧，即便在睡觉的时候也松弛不下来。

我打工的时候，时常嘲笑那些自己创业的人。“你呀，心理素质真差，有什么放不下的嘛，该吃吃该睡睡嘛！”“你呀，你要学会给脑袋安装一个开关啦，把开关关闭就睡，第二天早上醒来再打开。”

现在我体会到了，哪里那么简单，人体毕竟不是机器。创业跟热恋的感觉很像，持续的付出和快乐会使你很累很累，也会担心这个害怕那个的，但就是停不下来。

52. 宝贵而狂野的一生，只要一只青苹果

访问徐嘉子和吉程联合创始的青苹果的这一集《婷婷创立》播出后，反响很强烈。

徐嘉子很美，众目睽睽之下美若天仙的美。这并不算什么，关键是她还很“阳刚”。从哈佛商学院毕业后，她曾担任 Groupon 中国西南区总经理，之前还有 8 年的医药器械企业背景，2014 年开始独立创业。她的联合创始人吉程创业前一直做移动互联网产品开发。

青苹果健康成立以后先是拿到了 500 万元的天使投资，一年之

后 A 轮融资 500 万美金。他们选择的移动医疗行业和创始团队自身质地都不错，上海市委、市政府领导也多次光顾考察。

从内容制作的角度看，做他们，必定好看、有料。何况嘉子除了美貌和华丽丽的背景，又是个超级“逗比”的人。我就是受她启发，第一次领悟了一个女生是能如何 “逗比”的。

吉程从外企大公司辞职后创业的事，居然瞒了他妈妈一年。因为觉得从前创业在父母眼里就是开个皮包公司，是不入流的事，实在很难启齿。后来市长、市委书记光顾又合影以后，就很能跟父母说得通了。“创业在现在成了一个很主流的事，而不再像以前那样是个很边缘的事。”他对此特别欣慰。

嘉子告诉我，公司成立后这一年，他们团队的规模不断扩大，所以要不断搬家。“几乎上海所有的联合办公空间我们都呆过。”我听了，脑子里第一反应是“颠沛流离”四个大字，她却没心没肺地说，“挺好啊，交了很多好朋友。”在她眼里，这都不是事儿。

唯一束缚我们的，只有我们自己的观念。你认为这是个事儿，它就必然会成为你前进路上的阻碍。你若认为这都不是个事儿，那么一切就都不攻自破，没什么能阻碍得了你的发展。

从始至终，我都没有仅仅把《婷婷创立》当成一个“节目”。我在平时表达的时候，只能称之为“节目”，是因为实在没有另外两个字，可以更简洁地说明它了。那么它到底是个什么东西呢？我把它定义为“一个以视频手段呈现创始人和创业项目的多维空间”。

那天录制时一见面，吉程就对嘉子说：“我才知道这原来是个真人秀。”后来内容发布，嘉子在转发时说，“真人秀还是挺好玩儿的，人生总有第一次。”真人秀这个定位，还是跟我们的理念挺接近的。创始人群体，他们是最美、最酷、最有激情和创造力的，现在和未来都在他们手上，而我要做的只是本真还原、真实呈现。

但要将最终呈现的内容做得有水准，样子不仅真实，还要美美的，确实有很多细节需要推敲打磨。其实片中每一幅照片、文中每一幅截图的选择，制作团队的小伙伴都非常慎重。而在一开始我是每一集层层把关的，有时候一个片子提出的修改意见要有四五十条。我常常跟团队说，没有完美，不要追求完美，“完成”比“完美”重要。但说实话，这对于本性爱追求完美的我来说，挺难的。后来，我给自己和团队定的原则是，无论大事小事，开始执行的时候要定好一个时间节点，在限期到来之前，务必追求尽善尽美；时点一到，无论样子怎样，先完成再说。

你做事的态度，明眼人是一看就看得出的，态度决定着结果。在态度的指引之下，我们是这样做的：《婷婷创立》要真实还原、呈现创始人和创业项目，创始人不是个体，我们不需要个人崇拜，哪怕对于已经有很高曝光度的创业明星，我们也不会只渲染他一个人，而是要展现整个创始团队。所以在每一集中，不仅仅要有创始人的访谈和纪实，还必须要出现整个团队的镜头和四位以上团队成员的发声，我要让每一位团队成员感觉到，在我们的空间中有归属感，被尊重。

专业和温度，二者都不可或缺。专业不是能临时抱佛脚的，十年来我是怎样在提问的职业道路上磕磕绊绊走到今天，一言难尽，我曾经说："不以提问为生，而是为提问而生。"这是我多年来唯一的职业梦想，后来我放弃了对它的执着，但收获了提问的技巧和艺术。简单的归纳总结就是，好问题，不一定要出声的，专注并永葆天真的好奇，是最好的提问方式。

还有一个，就是用眼神，用你有力的眼神去发问。对我来说，眼睛不是心灵的窗户，而是大脑的窗户。

青苹果健康这期，在我们微信公众账号上的阅读量马上就达到近 5000。这个数字跟一些动辄显示几十万阅读量的平台相比，微乎其微，但我非常满意，因为当时关注我们这个公号的粉丝数量只有 300 左右。也就是说，阅读量是粉丝人数的约 17 倍。而一些对微营销深有研究的朋友告诉我，根据统计，一般微信号的阅读量是粉丝数的 3% ~5%，这也是很多自媒体靠各种手段不遗余力去扩大粉丝人数的原因。

一些投资人投了你钱之后，就会对数据上纲上线，要求你在几个月之内达到多少用户量、粉丝数，这也是我们非常慎重引入投资的重要原因。一些O2O拿了投资人的钱之后，为了兑现承诺，就猛砸钱去“造”量。量当然是可以造出来的，不难，只要肯花时间、精力和钱。但初期我并不认为这是我们最迫切的需求。不管未来骑翼的商业模式是什么，它都无疑是以内容切入的，首先要靠内容质量说话，必须先创造出具备内生传播力的优质内容，这是一切的根基和灵魂。

青苹果的吉程后来对我说：“就连我多年不联系的中学同学都转了这集，可见内容真的好。”“用心做的东西，才有生命力，而且持久。”我大言不惭地说。

好肉肉植物出没

我们团队中实习的小鲜肉都懂得内生传播力的重要性。“数据不急，先观察观察。”肉肉说。我真是被这个 90 后孩子——赖玮——的聪明才智折服。

话说他是怎么加入我们团队的呢？有一次，我参加一个艺术家朋友的展览，正好认识了赖玮的高中老师，后来他的高中老师就说：“推荐一个我教过的学生来你这实习吧，我觉得特别合适！”

这枚熊孩子居然是我上海财经大学的学弟，才大二，而且是第五届上财主持人大赛的冠军。这个比赛是我读大三那一年始创的，我是第一届比赛的季军，至今印象深刻。我心想，冠军要来季军这里实习，哪有理由不收呢？

90后的表达方式真的很好玩。他们做事很认真，但都是轻描淡写、四两拨千斤，随随便便就做好了，跟玩儿似的，有时候才华横溢得令人吃惊。赖玮说话很逗乐，用他们的语体，就是每天都有很多“梗”。一会儿说“吓死宝宝了”，一会儿说“饿死宝宝了”。每天都在商讨工作的群里跟哥哥姐姐发嗲，给大家增添了很多欢乐。

有一天，我们叫他“赖大大”，他就说：“我什么时候从小鲜肉变成大大了，我不想不想不想长大！”好了，以后大家就叫他“肉肉”了。肉肉植物造型可爱又生机勃勃，多好。

36. 杨柳的足迹

杨柳，杨柳树的杨，杨柳树的柳。“足记”APP 创始人。

足记号召大家，“像电影一样去生活”，它能把你随手拍的一张照片模拟成电影屏幕，并在上面加上你喜欢的台词，帮你翻译成各国语言。一开始，大家对这种将图片处理和翻译功能“混搭”在一块儿的创意，大感惊艳。

2015 年三四月的时候，仿佛一夜之间人人都在谈论足记，足记的用户数天内从 300 万暴增到 3000 万，导致后台系统崩溃。创始团队几周没怎么睡觉，在 Bob 的联合创业办公社里彻夜鏖战。

我认识杨柳的时候，她已经拿好 1000 万美金的 A 轮融资， 在一个分享创业经验的活动上，提到创意被人抄袭的时候，她说：“他们可以抄走我的样子，但抄不走我朝圣者的心。”

她的眼睛特别大，头小小的，齐刘海。“除了头瘦，哪里都胖。”“眼睛虽然大，眼神却不好。”她调侃自己的时候从来不笑。

联合创业办公社社长 Bob 对杨柳和整个足记团队的感情显然很深，因为足记是第一批入驻他们空间的，一年来他们一直是同一个战壕里的战友，两班人马的办公室都连成一片。

我跟 Bob 说要拍摄杨柳的时候，他狮子座的保护欲和荣耀感马上彰显到了极点，回答说：“要拍杨柳可以，可是我有个条件，就是一定要按照我的想法拍，你能接受吗？” 我想也没想就答应说：“我接受，Bob。”对狮子座的创始人，最好他开什么条件你都接受，才比较容易达成协作。

“你不会后悔的。”他得意洋洋，胸有成竹。

后来我才知道，他大学时报考的专业是影视导演，已经被录取了，后来因为决定出国才放弃了这个专业。P^2 成立早期有一段时间，他整天在肩膀上绑着个 Gopro，走到哪儿拍到哪儿。

我们正常的摄制流程已经够颠覆传统的了，杨柳这期的拍摄方式又颠覆了之前的传统。Bob 担任总导演，同时出镜承担主要的访谈职能，他设计了很多我做梦也想不出来的环节，既搞笑又拉风。比如，他不知道从哪儿弄来三个超级专业的肌肉男模，赤裸着上身在镜头里给杨柳用碗盖着头皮，剪齐刘海。对于我这么小清新的一个人，这远远超过了我日常能够承受的尺度，但我们居然都非常顺畅地接受了，而且很开心。在各种场景的变换下，也实实在在聊出了很多干货。

拍到给杨柳剪刘海那一段时，我注意到她的发根有很多白的，齐刘海和长马尾是染的可爱的棕红色。我就问杨柳："你是不是不停在思考？"她说："可能我比较笨，别人想一下就明白的事情，我要想很久。"

这一集录制到尾声的时候，我们让杨柳给大家推荐一个有趣的APP。她推荐了一个叫"生辰"的。输入自己的出生年月日、预计的死亡年龄，就会显示出一个人这一生还有几餐饭可以吃，几次爱可以做，多少个周末和长假可以度过。我想起一本日本小说的名字叫《向死而生》。一些人，就是因为知道人生的短暂和宝贵，拼尽全力去做了一件好玩的事情，做得很漂亮，吸引了很多人。

55. 一个朋友

我有一位认识多年的朋友，创始了两家上市公司。

自己做公司之后，我开始有意识地向他求教管理方面的问题。

“您从大公司出来创业的时候，带了几个人？”
“什么人也没带，只带了一个司机。”
“为什么？”
“你不能劝人家。刚起步的时候有风险，把人劝出来后做不好，他们会怪你。都是后来他们自己想通了，决定出来加入我们。”
“三千号人，那么多，怎么管理。”

“这么多年我很得意的是，从来没开掉过一个人。”

“能力再差的人也不开吗？”

“人人都聪明得很，每个人都有他的用处，让他自己去发挥，能做什么做什么，愿意做什么做什么。我们公司有几个人，所有部门都嫌弃，都不要，我就让他直接向我汇报。”

“……可是他们如果真的不够好，比如道德方面有闪失，做错事影响公司怎么办？”

“人无完人，我只用他们的八小时，只用他们好的部分。”

这段对话后来我常常想起。在偶尔觉得团队有的成员不给力的时候；在人手紧缺，一时又难以找到合适的人的时候；在自己事无巨细要叮嘱，忙得只有三个小时可以睡的时候……这段话会对我有很大的帮助。

56. 海上的时光

有一天我实在觉得快到崩溃的边缘了。太多事堆积在那里，做也做不完。一切看起来运转良好，可是我既要参与内容生产，又要考虑融资问题，还要写作。半夜两点多睡，早晨五六点自己就醒了。身体产生明显的不适感，好像拴着心脏的那根游丝马上就要挣断了。

在所有的自然场景中，我最喜欢大海。然而我有两年没见过海了。于是我就买了一张机票，背着电脑和书一个人跑到了一处海上。

海是这样的，风平浪静和兴风作浪时，都好。

风和日丽的海和乌云翻腾的海，都好。

她时而雄性阳刚，时而平静慈善。

只要到了海上，我感觉就像回到了故乡。

我度过了几个小时宁静的时光，抓紧时间乘了快艇和滑翔伞，终于有了几个小时的深度睡眠，写出了一些比较有灵性的文字，身体也感觉好了很多。但中间穿插着很多工作邮件和电话，不断审核编导传送过来的片子，给文案定稿，回复一些合作意向。我开始真正意识到，我的生活方式将被彻底改变，以后几乎不

可能再有彻底的所谓“度假”。心头的那根游丝将永远不会被扯断，它会永远牵在你所谓的“事业”上面。

“不要被繁复的事务捆绑，你需要时间和空间去看清未来，为团队指引方向。”海上的两天结束时，我再次严肃地告诫自己。

↓ 摄影 / 于婷婷

07. 所有人都在创业

突然之间，所有人都在创业。我的感觉尤为明显。拍摄工作密集的时候，我一天要访问四家创业公司。

这看起来挺可怕的，我开始有些担忧。如果人人都要自己当老板，企业雇人将会越来越难。现在已经出现这样的迹象，招聘网站好像失灵了，贴在上面的招聘广告要么无人问津，要么就都是不对的人来投简历。大家一起聊天的时候，众筹家的创始人杨勇说，人才市场上已经开始出现“招聘失灵”。这是“所有人都在创业”导致的问题之一。

“我最多的时候一天看了 80 多个项目。”一位天使投资人在大家一起聊天时说。他投资过余佳文，就是那个 90 后的超级课程表的创始人，扬言拿出 1 个亿给员工发奖金，跟周鸿祎在媒体上吵架的。

“你请公司创始人上你的节目，有没有遭到过拒绝？”一位创业学院的院长问我。这是一个非常有建设性的问题，我第一次被问到。

“没有，从来没有。”我斩钉截铁地回答。事实上，每周都有五到十个创始人在排队等着我们来拍。这位院长认为中国目前大部分人只是在消费创业的概念，而不是真正在创业，他和他的学院试图摸索出一种真正能帮助创业者的教育和培训方法。

其实，收费的教育和培训项目的优势也在减弱，因为免费的创业培训项目遍地横生，到处都是各类跟创业有关的沙龙、论坛、项目路演、投资对接会。很多功成名就的创业前辈们纷纷出来做投资，支持年轻人创业，撒网式地去投一些既有梦想又肯努力的年轻人，给他们种子基金，帮助设计商业模型，分享一路走过来的创业经验。60 后和 90 后之间 30 年的代沟，顷刻之间被汹涌的创业浪潮填平。

58. 提问的意义

其实已经有很多人在做创业视频，未来视频在所有信息传播手段中占据的优势，不言自明。时下创业又这么热，干什么都能跟创业搭上边，“创业”＋“视频”的组合模式，但凡不傻、有点行业经验和资源的人都会想到。

朋友会不时地发给我一些别人家做的东西，说，“瞧，你的竞争对手。”

我当即回答：“不，我没有对手，因为我不与他人比较。”

这句话跟狂妄自大一点关系没有，做人做到后来，要想真正过得自由、舒坦，也不能拿自己跟人比较。一旦去跟某人相比，你就已经从内心看低自己，对自己的绝对价值产生怀疑了。做公司、做事情，也是一样的道理，你要对自己在没有参照系前提下的绝对价值，绝对相信。能做到这个，你就不会有对手。至于别人把你当成竞争对手，那是别人的事。

有一天，老潘邀请我去参加他创立的 Workface 三周年活动，这也是个给很多创业者、创始人服务的平台，提供一些公开课。运营细节我不是很了解，但经常看见潘先生和他的团队小伙伴们忙得不亦乐乎。据说三年前老潘辞职创业的时候很酷，根本不在意赚不赚钱，事实上也很久不赚钱，好像他也不为赚钱似的。我是通过一班第一财经的前同事认识他的。

他们三周年活动的策划也很别出心裁，居然要大庆七天，让我联想起印度人办婚礼的排场。当天晚上老潘说，你来玩吧，随时欢迎。脑子活络的人就是时时刻刻活络着，他突然说："让我们的 Workface 来访问你一下吧，创业十问，择日不如撞日，就现在，我马上拉你进群。"

我历来喜欢行动派，当时已经临近十二点，都准备休息了，但我满口答应下来。

他们的群很热闹，老潘主持了一下，访谈第一个问题开始的时候，正好是凌晨 00:00。很多夜猫子来围观，这是我第一次网络上的众目睽睽之下，接受访谈。老潘原来也是非常资深的媒体人，他的问题个个切中要害。

他是这么问的，我是这么答的——

十问之一：能数得出创业了多少天了吗？
答：数不出来，感觉像一辈子了，上辈子打工的。

十问之二：给我们介绍一下这辈子里典型的一天。
答：哈哈哈，典型……12点后睡觉……三点醒一次，看上一集节目的浏览量……五点半爬起来写作，为了八月底前截书稿，九点出门拍摄，上午一家公司、下午一家，居无定所，游牧部落。

十问之三：团队是怎么搭起来的，同学多，还是老同事多，还是仰慕者多？
答：团队固定四个，加我，摄制团队外包，便于找到最优秀的制作力量，还不用养人，我们的摄制团队做过《杨澜访谈录》《财富人生》等一流的电视节目，按集结算，成本很轻。

十问之四：固定团队里有称得上合伙人的人吗？
答：无，然而我并不失望，会有的。好饭不怕晚。

十问之五：所以一个人在做，有特别煎熬的时刻吗？
答：当然有啊，但都不是事儿，闲着混饭难道不煎熬？只有更加煎熬！
老潘：显然没有挡得住你的事儿。
答：YES。只有想不想，没有做不到。只有不值得完成的任务，没有不能完成的任务。

十问之六：对合伙人的标准，那应该是一个什么样的人？
答：在某一领域已经做到卓越，比如技术、互联网产品开发、平台搭建等。对于他的专长能说一不二，得有这种魄力和让我听从的能力。

十问之七：你创立的《婷婷创立》会是一档怎样的节目，和市场各路创业节目有什么差异？
答：差异就是我啦，哈哈哈！我独一无二不可复制，所以很多人说你的对手谁谁谁，我说我没有对手，因为我不与他人比较。这是个协作大于竞争的年代，总想着超越对手的人不会创造出真正独特的东西。
老潘：答得好。

十问之八：有标杆人物吗？
答：我的标杆人物都不在我的领域，一个是查理·芒格，一个是杜尚。前者指引我勤奋，你想要什么的唯一途径是使自己配得上；后者指引我心灵最大的实现自由，从而最大限度发挥创造力。

十问之九：怎样理解杜尚？
答：（我非常欣赏老潘的提问方式，流畅得像一条小溪。）我不是艺术评论家，杜尚让我值得尊敬的在于他说，我热爱生活大于工作，我的一呼一吸都是艺术，是我最好的作品。他不被艺术捆绑，我们应该学习的是也不被“创业”捆绑。所以我说，我的一呼一吸都是创业，我热爱生活大于创业。

十问之十：洋溢着个人风格的问答。告诉大家你喜欢什么讨厌什么吧。
答：我喜欢一切美、美好的东西，与大小无关。我喜欢自由，自由首先是挣脱固有观念的束缚，人活在自己的观念里头。我喜欢诚实，倒不是因为不会撒谎，而是因为诚实是最佳策略。我喜欢行动，现在立刻马上。我喜欢信守承诺的人，越小的诺越要守，因为既然小，就完全可以不承诺的嘛！我喜欢聪明的人，还勤奋就更好啦！……
天啊，我喜欢的太多说也说不完，至于我讨厌的…… 嗯，我讨厌自己讨厌任何东西，因为如果我没有能力规避或转化令我讨厌的，那只能证明我笨！回答完毕。

老潘：十问的一切精彩全然因为你的直接坦诚、如此率性。

答：我也很喜欢你的访谈方式。各位晚安！

后来 Workface 的很多朋友反馈说，很棒，很有正能量，给我鼓励并告诉我加油。说实话，我内心与自己的对话很多，但是精彩的被提问真不多，十年来我永远在向别人提问。这是我为数不多的站在问题的反面，作为一个回答的人，跟一个同样坦诚的提问者一起拷问自己的内心。我的每一个回答都脱口而出，有的让我自己也感到意外和惊喜。如果不是有一个出色的提问的人，我想我发现不了自己的这一面。这个经历让我确信了一点——就是提问的意义、追问的意义——那也正是我和我的团队工作的意义，以及我所创立的节目的意义。

交流需要对象，最好棋逢对手、旗鼓相当。一直自己跟自己对话下去，可不够好玩儿。

↑ 摄影 / 于婷婷

07. 平衡还是相融

以吃力的轻松，
以坚忍的机敏，
在深思熟虑的灵感中。你可看到
他如何屈膝蹲伏以纵身飞跃，你可知道
他如何从头到脚密谋
他与自己的身体作对；你可看到
他多么灵巧地让自己穿梭于先前的形体
为了将摇晃的世界紧握在手中
如何自身上伸出新的手臂

——［波兰］辛波斯卡《特技表演者》

这是关于平衡的我见过的最“机智”的描写。

当一个人开始探讨如何平衡了，那一定是自己感到失衡了。

一个周六的下午，我开完一个会后，去淮海路的一家商场里为一个两周岁女孩买了一个小小的礼物。那是一个晶莹剔透的发卡，温柔的材质，据说戴在儿童的头上不会痛，上面有一个小小的蓝色雪人和两朵小花。我是要去参加“杏仁医生”创始人Martin家女儿两岁的生日趴。

Martin创立的杏仁医生，做的是移动医疗，通过互联网实现医患沟通和互动，被知名风险投资机构刚刚投了2亿人民币，现阶段算是同行业里最大额度的融资了。他们发展迅速，刚刚换了新的办公室，乔迁之喜，正好赶上心爱女儿的生日，想必是顺便邀请相熟的朋友，开个“暖居”的派对。我去得晚了，人已经走了不少，但还是一片其乐融融。

那个场景，是多年来特别让我心动，甚至是“心仪”的一幕。跟他们聊天得知，一家人从早上七点就到办公室筹备了，厨师准备了一些简单但可口的自助菜肴，柠檬香味的烤鸡是Martin自己烤的，一个五彩缤纷的大蛋糕是公司同事做的。宝宝叫Kate，和小朋友们玩起来真是初生牛犊不怕虎啊。现在的宝贝们都生猛，从小滑梯上一遍又一遍地滑下来，滚进彩球汇成的“池塘”里，大人看着都生怕跌痛了，小孩子却周而复始、乐此不疲。

我跟 Kate 的妈妈聊天。我一直以来都相信，一个人在创业之路上的第一个天使是他自己，因为他投入的是心血和命，下一个最早、最重要的天使，就是自己的伴侣和家人了。

宝宝妈说起她爸的创业，当然一路艰辛磕绊，“他很好，他特别努力，很不容易。”寥寥数语，就能听出背后坚定的支持。

但最让我感动的是，我看到了一幅并没有刻意追求“平衡”，而是让身边的一切美好“相融”的图景。家人与同事，工作与生活，难道是可以分割的吗？为什么不让它们水乳交融呢？那样不更美满吗？让你生命中热爱的一切重要事物，和谐地共处在一个空间，互相不要打架，互相接受并催化，或许能产生更漂亮的火花来呢。你的爱人、你的同事、孩子、生活和事业的合伙人们，让他们互相打照面，问候、交谈、在一起时相安无事，分开后各行其是。

那幅图景，也是我追求的。

是的，我们都会有。

后来我常常在家开的办公室给团队的小伙伴做饭，今天中午他们还吃了我妈包的饺子 连连说好吃
那是一个创始人最温暖的时刻。♡

60. 泡沫什么时候会破

创业泡沫的扩大开始让人感到不安。

我曾在很多集节目中跟创始人和投资人们讨论这个问题，大家都不否认泡沫的存在，但认为可以怀着积极心态去拥抱泡沫。我对此感到担忧，尤其看到有些人不着边际地发癫发狂的时候。

“你觉得创业泡沫什么时候会破？”有一次我问 Lily。那还是在 2015 年的年中。

“下半年。”她斩钉截铁地说，“看吧，下半年不健康的会死。”

“下半年已经到了。”

“等着瞧吧，陆续新闻会出来。”

“我讨厌全社会陷入无序的癫狂。”这才是我真正想表达的担忧。

“是会更有序。”她说，“鼓励我们这些正经人，正经生意人。”

这是一个最花花绿绿、杂七杂八、万物生长的时代。死亡和新生分秒并存。8 月的一个早晨，我看到这样一条新闻，标题赫然写着“看看这些 020 项目的死亡名单：狂妄的互联网人该反省了”。

作者写道：“在过去的两年里，每天都有 020 创业公司获得融资，也有 020 创业项目中止、倒闭。在餐饮外卖、教育、旅游等领域，生者少，死者多，一片哀鸿遍野。”或许没有这么严重，媒体总喜欢一边倒地夸大其词。但我隐隐感到，问题一定会愈加凸显，事态会越来越严重。

对于那些做了一年半载的公司，倒闭以后，其实创始人和投资人受到的打击都不会太大，因为他们曾经那么狂野、不可一世、不屑一顾，创始人随随便便几页 PPT 就拿了几百万天使投资资金。我听见很多创始人私底下聊天都抱有这样的心态：“做砸了也没什么，既不丢人也没有什么损失啊。”是啊，没什么损失，时下潮流就是钱多，投资是必然有风险的。投资人，你亏在他身上跟亏在我身上没什么区别。

天使投资人们其实也不会有什么损失，很长一段时间以来他们疯狂地撒网、圈地，密集地向LP融资，以便扩大管理基金的规模，去投更多的早期项目，大有“抢地盘、抢银子、抢天下”之势。很多人的投资策略就是撒100个，只要三五个成了就成了。中途夭折八九十个早期项目不在话下。

那么一旦初创公司大面积死亡，损失的到底是什么？如果人人做好了最坏的准备，是不是就不会产生任何问题？不，到时候最大的损失是社会情绪。人们对待创业的情绪和态度会发生180度的大逆转。试想一年两年后创业泡沫破裂，中小型创新公司大面积倒闭，曾经风风火火从大企业辞职的创业先锋们流向哪里？90后或许从心理和情感归属上真的不需要一份稳定的工作，因为他们生来有充分的物质保障，但国家需要考虑的是他们要享有健全和完整的社会福利保障体系，避免曾经一度的疯狂创业演变成大面积失业。

我的一位朋友，第一财经电视频道原《会见财经界》栏目的资深编导张帆，有一次聊起来，说聪明人应该从现在开始布局服务于未来失业者的生意。

或许我的担忧过多、过早了。不过有些迹象显示，张帆所言的聪明人已经开始行动了。比如，布局“消费养老”，将个人消费积分和未来养老金账户打通的“小确幸”，那位曾经出现在我们节目中的创始人余汶龙。

无论发生什么，我们都不能因为害怕泡沫破裂就不去创新。明年又是一个春天。

眼下泡沫已经破了
事实证明，这对于我
以及我身边最棒的创始人们
完全不影响。
我们活得更好了。

61. 拥抱不确定性

工作是一种生物，它每天都在生长、发育，演绎出不同的样子，最好能使它井井有条。

最初我只需要考虑和解决内容生产的问题，后来团队建设、管理方面的问题越来越多。也会有力不从心的时候，以前我并没有多少管理经验，但从来没有觉得自己不行过，问题一出现，马上思考如何解决，然后行动。不行就再试。

有天跟团队讨论几桩事情，小伙伴们的言语里先后出现了“可能来不及”“我主要担心”……我对这样的话语还是挺警惕的，语言本身并不多重要，重要的是语言里面潜在的思维。语言是思维的外化。一切行动都是被害怕的思维阻挡在门外的，你担心不行，于是你期望的结果真的没有发生。

该怎样最大程度地激发整个团队的创造力呢？我做了一个放手的决定。“以后给我日程表就好，通知我什么时间到什么公司拍摄就好，我听你们摆布。”在公司、行业、创始人的考量和把握上，这可能会有一定风险，但我必须让团队的每个人都感到他们是真正的主人，对事情有决策权、参与感，这样才能同时渐渐培养出责任心。不要害怕不确定性，有时候确定性才更加危险。

零一财经的创始人柏亮是我原来在第一财经的同事。有次一起吃饭，我们拿他的“闪婚”开玩笑。他跟我说：“闪婚挺好啊，你也可以试试。”我问他：“哪里好？”“要去充分地拥抱和享受人生的不确定性。”是啊，既然未来不可预知，为什么不在不确定性中尽情玩耍、理性地撒欢儿呢？

我感受到自己的成长，内心日益坚定和强大，很多以前担心的问题现在一点都不会放在心上了。创业其实是很严肃的一个议题，对于一个认真创业的人来说，它无异于一场锻造，使你成为更好、更完善的一个人。我学着用对待创业的态度去对待生活，也渐渐感受到自己对于未来的掌控力，随心而动、顺势而为，生活给你什么，就是什么，全然欣喜地接纳一切。当你足够好，就会有同样好的人向你走来，和你在一起。那时候，无论与谁生活，都会幸福的，因为真正使你满足的是去爱人，而不仅仅是被爱着。

All in the same boat

同舟共济

All in the same boat

同舟共济

62. 拉斯维加斯
—CES之旅

黄昏，飞机经停首尔后降落拉斯维加斯。十六个小时的行程，我在飞机上看了三部电影，睡了三个小时。

出关时工作人员看看我的护照问：“你为谁工作？”

“我自己。”

“为什么来这儿？”

“CES。”

我们彼此相视一笑，他很有礼貌地让我通行。CES是全美乃至全球最大的高科技盛会，每年都有很多人从世界各地专程为之赶来。

夕阳还没有彻底沉没，城市的霓虹已开始亮起。拉斯维加斯这座大城，弥漫着一股喜剧色彩，仿佛岩石里长出来一个游乐场。从机场到酒店短短十分钟，我就经过一个摩天轮，孤孤单单的一个摩天轮，像棒棒糖一样插入岩石的缝隙，慢悠悠地在上空打转。

老家在非洲的出租车司机很爱聊天，问我从哪里来。

“中国。”

“中国女人很漂亮，中国人聪明又卖命工作。”这是他对遥远中国的印象。

天色是灰蓝的，我很喜欢这地方广袤冰冷的热情，一种令人紧张的安全感笼罩了我，让我刚刚好可以在别的国度回答陌生人的提问，同时保持温柔的嗓音。

酒店到了。司机老兄把我的行李放下来，发票上22块美金的车费，我付30块的时候，他热情主动地说：“不用找零了，剩下的完全可以做小费。”

含蓄的中国习性难免觉得这种索取小费的方式有点像打劫，但后来我知道他并没有特别无理，拉斯维加斯的小费比例是价格的40%，远高于其他城市。

我的房间在一楼，穿越酒店大堂的赌场，很方便就到了。放下行李，我就到CES的主场金沙会议展览中心（Sands Expo

Convention Center）找张尧。

张尧是科技教育公司萝卜太辣的创始人和CEO，是《婷婷创立》一期节目的嘉宾。她是哥伦比亚大学教育经济学的博士，创始团队有着特别国际化的背景，几乎都毕业于美国的名校，公司注册在美国。她看到我们的往期节目后主动找到我，说希望能够受到我们的访问，态度坦诚、执行高效，我们一拍即合。

那一期节目是我带着摄制团队到她的上海办公室拍摄的，也是我们第一次见面。节目做完后大家就各自忙东忙西，时隔好几个月了，想不到第二次见面是在拉斯维加斯。

张尧是山西人，大气、粗犷、豪迈都在她的眉眼和笑容里头。我喜欢她和她的团队在一起的氛围，她老喜欢自黑，也爱黑别人，她的同事也爱拿她开涮，“你瞧，这就是我们的尧CEO……”

这种人的自信是骨子里头的，众人对她的态度纵有“千条妙计”，她对自己的认知总有“一定之规”。

在萝卜太辣CES的展位上，半个小时的工夫，我就结识了从纽约、加州等地儿前来看展的中国姑娘七八位。她们在美国的初创公司都做得有声有色。晚上收摊儿后，尧姐说要带大家去参加Party。我们从展馆出来，开着一辆大红色的七座SUV，一路穿越商店和赌场，来到一个十分豪华的酒店。一问，尧姐把派对时间给记错了，今天并没有。

大大咧咧的她一点儿都不觉得自责，马上转场带我们去吃一家泰国餐厅。忙碌了一天的女孩儿们都饿坏了，每个人点了一份主菜，一边在手机上处理工作，一边欢天喜地聊着天儿，一边把饭给吃了。大家的多任务处理功能都太强大了。离别前，我们拍了一张大合影，齐刷刷一排靓丽的职场女生，这一定是这一晚 CES 上面唯一的 Girl's Party。

↑ 初到拉斯维加斯的天空　摄影 / 于婷婷

63. 走钢丝的人

有一个生来爱走钢丝的人。别人问他为什么要做这个，他说："我一看见漂亮的建筑物，就想找根绳子把它们连起来，走过去。我无法抵抗这个诱惑。"后来他在美国的双子塔竣工之前，伙同他的几个同党，在夜深人静中悄悄准备好一切。在第二天早晨，他走过了双子塔顶之间的钢丝，震惊了世界。

行动前，他为自己准备好了棺材。

在云中行走的时候，他感受到宁静、平和、感激、专注、平衡、怀疑、坚持、胜利…… 他战胜了死亡的威胁。这个人的事迹被好莱坞拍成电影，名叫 *The Walk*。

这个人物身上具备一个创始人所应具备的全部特质，比如以自我为中心、强迫症、执迷不悔、视死如归。他的行为没有创造什么物质财富，但是创造了巨大的精神力量，撼动了很多人的内心世界。

“我无法抵抗诱惑。”看着一生中最想做的事情在那儿，就想去做它。这就是我们马不停蹄、日复一日踏上旅途的原因。每一次都面临未知，如同踏上一条在云中连通两座高塔的钢索，每次我们都活了下来，并收获惊喜。

拉斯维加斯的夜晚格外宁静，我听见外面的风声，偶尔有警车呼啸着奔驰而过。

有人建议我去体验一下做个女赌鬼。我问他建议我拿多少银两去下注。他说：“赌的要义，在于以小博大。”我没什么兴趣。

时间是小的，意义是大的；钱财是小的，价值是大的。耗尽一生，除了家人、朋友、自己，你为陌生人们创造和留下了什么？这是我和张尧这样的创始人们，无法停下来的原因。

天开始亮了，一楼的房间，拉开窗帘就看见地面上的树。

鸟儿开始啼叫。

66. 拉斯维加斯

——虚拟未来

几种简单的东西就可以定义生活——和亲密的人在一起还是分开？Work for living or live to enjoy？

科技的原意是让我们更紧密地联络，而不是用智能设备将人们隔开。

CES 使本来就大派对一样的城市更增加了狂欢色彩，人们从世界各个地方涌来，体验高炫酷的科技感、未来感，想象着未来生活的样子。人工智能和虚拟现实技术是特别大的热点，我在三星的展馆戴上虚拟现实眼镜，瞬间被带到一个舞池，打扮性感的女孩们随着摇滚乐陶醉地跳舞，她们火辣的屁股在我眼前晃来晃去，触手可及，头上的霓虹灯旋转闪烁，回头可以看见很多人簇拥着自己，跟你一起热舞。

摘下眼镜，回到现实，我又被工作人员引到一排座椅上，换了一副眼镜戴上。这次体验的是在崇山峻岭中坐过山车。那种感受太逼真了！当列车冲到山顶，我感到自己马上就要被甩向外太空了，周身的血液急速循环，心脏剧烈跳动，头晕的症状明显，同时感受到真实的恐惧和死亡的威胁。在濒临崩溃的边缘，大脑程序中还有一丝理性可以抓住，告诉自己“我只是坐在一把椅子上，并没有动”。但当你想充分体验刺激、恐惧，只要把那根理性的游丝放飞就好了，就可以淋漓尽致地去经历虚拟现实中的这些，并且不需要承担任何风险。

虚拟现实是个好东西，让人节省很多时间去体验你想体验的场景和感受。然而这既让人充满了新鲜感，也不免使人产生一些困惑——当一切都可以用人工智能和虚拟现实去实现了，那人们还活着干什么呢？是否还需要真的相爱、体验、经历一切？朋友说，不用想那么多，一切才刚刚开始。

出发前，我的团队本来让我不要带着任务去，轻松地看看，抱着游玩和开拓视野的心态就好了。但一看见那么多精彩的场面，我就无论如何也抵抗不了诱惑，拼命地想用摄像机镜头记录和分享一切。于是我很快找到了可以合作的制作团队，立刻投入了节目录制的战斗中。

与我合作的摄像师Stevan是马来西亚人，能说特别流利的中文。他一开始来美国就是学习中文的，后来因为兴趣和爱好学习电影制作，是一个专门拍电影的摄像师。与他合作很省力，因为沟通简单，我一说他就明白我要什么效果。每次我提出建议，他都说“可以啊”，“当然可以啊”。很简单的一句话，其实就能给人很大的鼓舞和力量，所以几天合作下来，即便体能上很辛苦，却十分开心。

我们马不停蹄地摄制了四集节目，访问了中兴北美CEO、国内虚拟现实科技公司蚁视、无人机公司零度。其间特别巧地遇到第一财经日报的创刊总编秦朔先生，也是我以前的老板，还有富士康企业集团的创办人郭台铭先生。我把他们都请到我们的节目中，用他们的视角带领大家看CES，聊得特别欢乐。

几天的CES上面，我都跟秦朔先生同行。我借助了他的智慧和脑子，听他的解析和评论，对自己的提升很有好处。这样的人是不能够让他们沉默的，否则是全中国和社会的损失。要让他们的思想持续发光，得到最大效果的传播，那会是全社会的财富。我要做的就是这个，让有价值的人和思想得以传播。一场科技盛会走下来，我一边思考未来人类的生活，一边想想自己这短暂一生中的真正追求，思路渐渐地更加清晰起来。

65. 拉斯维加斯
——"你很有名吗？"

在 CES 遇见一个胖胖的大个子，一脸笑容地站在那里，旁边的人都抢着跟他合影。我好奇地走上去，问："你很有名吗？"旁边的人听见哈哈大笑，他也跟着一起笑，对我说："这是个好问题。"

他的身高和体重好像都有我的两倍，我们站在一起简直就像是来自两个星球的人。后来我才知道，他是拉里·南，在 NBA 赛场上曾经获得三次全明星冠军。

后来想起这一幕，我还挺得意的。不要试图掩盖自己的无知，也不要为无知感到自卑，许多好问题，正是源于真正的无知和好奇。

其实我也被问过很多次 “你很有名吗？”比如，我上次在洛杉矶转机飞旧金山，入关的时候，就被一个女孩儿这样问。我当时回答她：“一点儿也不。”“但你看起来像个明星。”我跟她解释了一下我们的节目是访问创新公司和创始人的，她特别感兴趣，还问我要了《婷婷创立》的网址，说要去看我的节目。那是我第一次有一种明确的预感，我们做的事在美国会受到很大的欢迎和认同。

在拉斯维加斯这几天，和出租车司机聊天的时候，他们一听说我是个制片人，有一家自己的公司，自己制作和主持一个脱口秀节目，都很惊讶地说，真酷！有一个叫 Jone 的美国司机老伯，也问我怎么能看到节目，并留了我的联系方式，说你做的事儿很有意义，希望有一天在美国的电视上、网站上多多看到你。我充满了感激，这也坚定了未来我要在硅谷、洛杉矶等地设立演播室和分支机构，登陆美国当地媒体的信念。

关于名声，我跟很多著名的人物在做访谈的时候，都问过他们这个问题，“出名好不好？”或“名气给你带来什么？”回答因人而异。我最欣赏的是约翰·列侬的态度，“我不要成名，我要成功”。所谓成功，我想就是把自己真正想干的事情干成了。这就是成功。

66. 邂逅席琳·迪翁

CES 结束后，我有两天时间相对空闲，我给自己安排用来休息、倒时差、随便逛逛和写作。

疯狂工作的时候不觉得累，一停下来才觉得透支。感觉浑身的肌肉都冻住了，肩膀、后背、大腿、屁股都酸酸胀胀的，头也因为睡眠太少和时差开始痛起来。于是，我在中国城找了一家很方便的按摩店，想缓解一下疲劳。

进门我先问附近哪里有药房，可以买止痛药。一位斯文随和的先生走出来，说我们这里有药。“两种都是新的，是美国最有名的止痛药。你看看要吃强力的，还是一般力度的。”听上去他是台湾人。然后他又找来剪刀，帮我剪开，我吃下去感觉头痛立刻好多了。

我居然要求按摩了整整两个半小时，店里的姑娘可能都觉得好笑。给我按摩的，是内华达大学大二的学生，学医的，每天下课来做兼职，一个月可以赚三四千美金，自己赚学费。我特别喜欢和钦佩她，后来付了 30 美金的小费给她。

第二天下午，我又来中国城找吃的。在一家韩国餐厅吃完饭，我就开始写作。写着写着时差感又来了，又不想回酒店睡觉，否则时差永远倒不回来。于是就又来隔壁的按摩店，打算花 18 美金按半个小时的脚，这样可以眯一下，醒了继续写。

这次再来的收获，充满惊喜。我认识了美丽善良的老板娘 Shirley。昨天接待我、帮我拿药的那位一定是她先生了。Shirley 和先生一样乐于助人，我的电脑没电了，忘记从国内带电源接头的转换器，所以在美国无法插电使用。她特地打电话问先生怎么买，甚至想要等我按摩好带我去买。后来，我睡着的时候隐隐约约听见她的轻语，说要到专门的电器商店买，她还特地写了字条留给我。

我注意到她的身材非常优美，气质也不同寻常，心想美国的中国城里真是卧虎藏龙，不知道这位优雅的女士是何来历。一觉醒来，觉得自己想去看秀，就跟 Shirley 聊天请教哪里的秀最值得看，一聊才知她曾经是专业的舞者，现在美国教中国舞。

她本来在台湾学习舞蹈，后来到美国继续深造，在随舞团在美国巡演的时候认识先生，然后就定居美国，生了两个儿子，一个 19 岁，一个 25 岁了。“听起来好浪漫啊！”我忍不住赞叹。她笑了，真是幸福的一家。看来我的眼力还真的好，她那个背影一瞥，就知道腰线和臀线是修炼而得的。人们的时间花在什么地方，全都写在那人的身体上、脸上、神情里，简直能尽收眼底。

Shirley 推荐我去凯撒宫看席琳·迪翁的秀，她说这是最值得看的。我相信舞蹈专业人士的审美和判断，毫不犹豫地决定去看。她帮我叫了车，很快，我就到了凯撒宫。

我竟然一到就买到一张票，花了 140 美金，选择的是二层的座位。秀已经开始了，进场后我发现几乎座无虚席，我该是多么幸运，能够临时买到一张全球天后的秀票！

我真的不想，也不能够用文字描述这到底是一场怎样的秀，因为任何语言都无力。想起云门舞集创办人、舞蹈家林怀民先生曾对我说：“如果语言能够表达，就不必跳舞了。”

我能够如实说的是，我看哭了。一共三层的看台，至少有几千名观众，时刻保持在要么沸腾、要么窒息的状态，难以想象台上的席琳已经 48 岁了，是三个孩子的母亲。她身体中巨大的潜能毫无保留地释放在舞台上，点燃剧院的整个空间。“她的身体里有一个宇宙。”我在心里说。

这场秀，对席琳·迪翁本人和所有观众来说都非常、非常特别。因为这是她因老公得了癌症退出舞台很久之后的再度复出。我在拉斯维加斯停留的最后一个晚上，毫无准备地贸然前来，就能看到，真是相当幸运。

全世界对席琳·迪翁无人不晓，是因为她演唱的电影《泰坦尼克号》主题曲《我心永恒》。这次，席琳在舞台上巨大的张力，使我对她的人生经历充满了疑惑和好奇。探究一个人是怎样形成的，是我很大的一个兴趣。

不出所料，这个女人果然是白羊座，最热情活泼、生命力旺盛的星座。她出生在加拿大魁北克，母亲在小镇上开了一家小酒吧，过着比较清贫的日子，周末喜欢音乐的这一家人就在酒吧唱民谣。这家人居然有 14 个孩子，席琳是最小的女儿，5 岁就开始在小酒吧唱歌了。那一年，5 岁的小席琳还参加了一个法国民谣大赛。当她 13 岁的时候，母亲就为她专门写了一首歌并录制样带，寄给经纪人，从此她走上了职业歌者的道路，频频得奖。

这真是一个从出生就没有经过任何设限的生命。天才的形成只有两个原因，都不可少：一个是早早被发现天赋，一个是无止境地坚持了下去。对了，还有一个，就是从中享受着巨大的快乐，否则也不可能坚持。

这位国际天后在舞台上的一举一动，都印证了她的生命痕迹。她声音和肢体的表达力、她与乐队和伴唱团之间的默契、她与观众之间心神相印的互动，都发挥到了极致，使人觉得她并不是在演绎音乐，她就是音乐本身。不是她在演绎音乐，而是音乐在演奏她。她浑身上下每一个毛孔、每一根发丝，甚至她身上的每一件华美礼服，都被音乐牢牢控制了，而她浑然不觉。这就是她原本的样子。一个人从那么小，就按照自己原本的样子生长，最终发展到登峰造极，是何等幸运的事啊！而世界上大部分人的天性与才华，被各种各样的因素限制和束缚住了，根本没有得到发挥。在我看来，那是人生最大的可悲之处。

我能想象和理解，在席琳•迪翁的创作生涯中，努力和幸运相伴。一个足够努力的天才，一定会是幸运的。比她大 26 岁的经纪人雷尼•安杰利挖掘和培养了她，以巨大的爱和能量，支持她走到事业的峰巅。不幸的是，安杰利在 1999 年被诊断出患有喉癌，他在做化疗之前冷冻了精子。2001 年席琳通过人工受孕生下长子，九年后又跟老公生了一对双胞胎。

现在老公 74 岁了，一起经历了这么多……闯过天下，赚过亿万身家，生过孩子，得了癌症，经历生死线上即将诀别的威胁与挣扎……这该是多么相濡以沫的情感。席琳几次在接受电视访问，谈起老公的病情时都忍不住啜泣，她说："他是我一生唯一的爱人。"安杰利说："我希望能在你怀里死去。"这次复出，是先生坚持不要她再继续照顾，虽然他的病情已经很重了，只能靠吸管吸收食物和营养，但还是执意让席琳回到舞台，说，她的生命属于舞台和观众。

在秀上，席琳·迪翁为三个孩子唱了一首歌，现场播放了十几年来积攒的孩子们日常玩耍的视频，接近尾声时她深情地唱了一首《我心永恒》，送给她病床上的先生。她的心该有多么沉重，但又多么丰满。即便一定难过，她仍旧以举重若轻的幽默、艺术家奉献的姿态，热情洋溢地把每一首歌唱到淋漓尽致。

毫无保留地去爱、奉献、拼搏，为家人和喜欢的事业。

最大限度地带给家人照顾和快乐。

67.硅谷

—Plug and Play

CES 结束后，我从拉斯维加斯飞到硅谷，住在萝卜太辣硅谷团队的“家”里，那是一个两层的大 House，有花园和好几只猫。

和我一起住的姗姗很优秀，家庭事业两不误，已经当妈妈了。她老公更厉害，听说是斯坦福大学的博士。他们本来一起在美国工作和生活了好几年，一年前在硅谷刚刚买的房子，眼下为了老公在西安创业，一家人又搬回西安居住。姗姗其实特别舍不得硅谷的空气、阳光、氛围，但是为了自己另一半的创业梦，就舍弃了这些，跟老公一起中美两地跑。我说：“你就支持吧，说不定五年之后他就在纳斯达克敲钟了。”姗姗说从来没这么想。我这句不假思索的回复，反映了中国人创业观念中的一个特别大的误区，以为敲钟上市就是创业成功了，套现赚钱就是创业成功了，其实这种观念是错误的，我也并不真的这么认为。在硅谷，我从没有听任何一个人说过，创办一家公司或研发一种产品跟公司上市直接相关。

硅谷每天清晨的空气和阳光是巨大的诱惑，诱使你每个早晨推开门的时候，想迫不及待地投入一天的工作和生活。

萝卜太辣在硅谷的办公室在 Plug & Play，这是硅谷非常著名的一个孵化器，为很多初创公司提供联合办公场所、数据管理、人力资源服务等，与很多知名的风险投资公司有密切合作关系，比如德丰杰、红杉资本。很多创业家、投资家都到访过这里，连奥巴马也来过。

一天，我约了在谷歌工作的朋友 Shown 吃午餐。谷歌离 Plug & Play 很近，于是我上午就来萝卜太辣的办公室跟他们一起工作。我一边写自己的东西，看一些协议，一边可以听萝卜太辣的小组讨论。他们的工作风格和我见过的国内创业团队非常不同，每个人相对灵活地控制自己到办公室的时间，但来了之后就特别主动地投入到工作中，或立刻找同一个项目中的组员讨论。他们是做技术的，有好几个是美国各大名校信息技术科学出身的，讨论中很多专业的术语我听不懂，但分明能感受到每个人的专注。

到了中午，Shown 邀请我去谷歌的食堂吃午餐。谷歌对所有员工

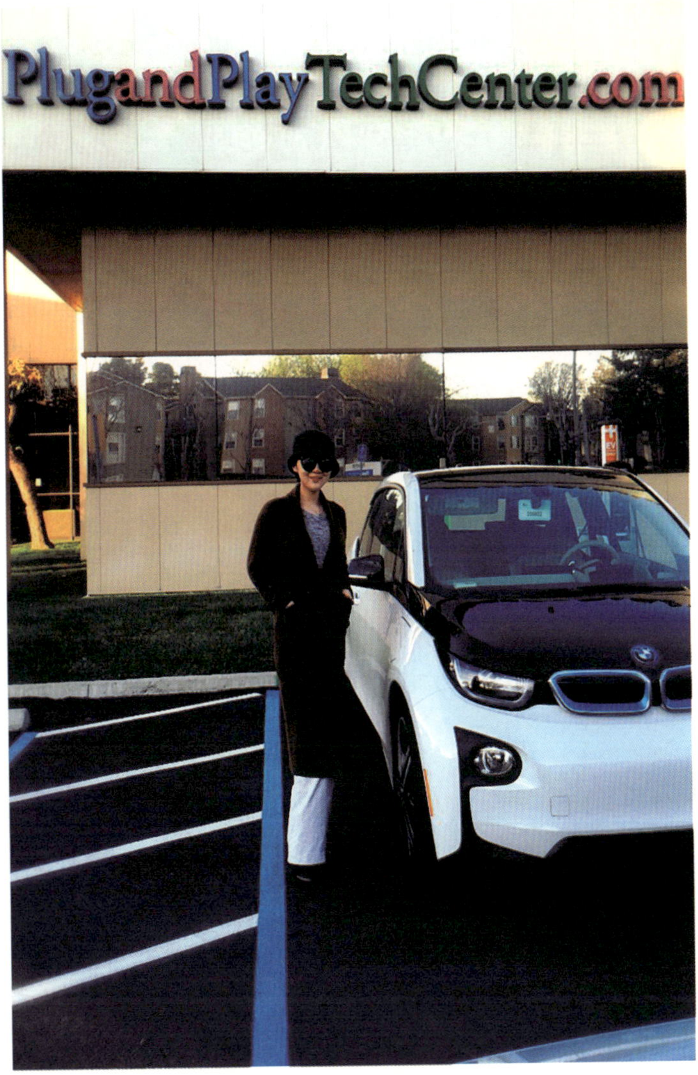
PlugandPlayTechCenter.com

提供免费午餐，员工带领的朋友只要登记一下，也可以免费享用。我的朋友 Shown 为了让我好好体验一下，给我拿了好几样，有越南粉、美国牛排汉堡、薯条、墨西哥饭、甜点…… 我很放肆地享用了一番。他很支持我做的事情，并且认为我选择的方向是非常有价值的。当我说准备在硅谷设立分支机构，并争取在美国找一个当地的电视台和网络平台落地的时候，他也认为可以尝试，但同时指出虽然现在美国的中文台内容很陈旧，但受众的年纪也很“陈旧”。这提醒我要进一步考虑，究竟选择怎样的渠道和平台，将我们的内容进行跨国界的发布。

68. 旧金山

人生总有很多巧合，于是就有很多故事可以讲。

我在开会的时候，Shown 发来微信，说："今天席琳·迪翁的老公去世了，你那天能看到她的 Show 真的特别幸运。" 我惊呆了。没想到这么快。这意味着，那天我看到的是席琳在老公去世之前的最后一场演出。

我刹那间明白了她的爆发力和深情源于何处。她一定是有所预感，她演出的时候，她挚爱的先生一定躺在病榻上，通过实况直播看着她所表现的一切。她将最美丽、奔放、热情的生命绽放在舞台上之后，卸下华服，回到家中，拥抱自己的亲人入怀。

"我想在你的怀抱中离开，亲爱的。"

"是的，你一定会在我的怀抱中离开，亲爱的。"

当年，先生作为她的经纪人，抵押了自己的房产为她出版专辑。那不仅是爱情和生活的伴侣，更是生命和灵魂的伴侣。

“没有你就没有我。”我听见他们对彼此，这样说。

那是最好的爱，我中有你，你中有我。即使生死相隔，也永远无法分开。

当你足够好时
就会遇到这种爱.

69. 旧金山

——朝闻道夕死

很多时候，顿悟是伴随着一阵阵痛袭来的。

早上醒来，旧金山时间的六点零五分，我在微信朋友圈看到一组老潘发的他女儿的照片。孩子一边画画，一边笑。身边很多人送的礼物。

老潘是我某一期节目的嘉宾，他做的 Workface 传递“人人为我、我为人人”的理念。

突然间，我的脑子里闪过几幅我幼年的照片。随之而来的是，周岁照、幼儿园时期的照片、小学照、初中照、高中照……我从记忆中罗列的厚厚一叠照片中，吃惊地发现了一个令人痛苦的事实，在那些照片中，没有一张我在笑！我有种被自己过去的人生蒙骗和戏弄的感觉。天哪！那些跟父母在一起的日日夜夜，我即便是快乐的，为什么留下照片的那些瞬间，我一次都没有笑！

我试着回忆了一下我的表情包。基本都是一张团团圆圆的肉包子脸，嘟囔着一只花骨朵嘴，眼睛直直而胆怯地看着前方，害羞而高傲地憋着不肯说的话。一张自卑的孩子的脸，一张孤傲而得不到欣赏的脸，一张想倾诉又不敢说的脸。那个孩子沉浸在自己的世界里，与外界没有太多勾连。

没有记录就没有发生。多年后当我长大成人，我提出的这个命题，可以从童年照片对人生产生的影响方面得到一些佐证。

人在幼年经历的事，能记得多少呢？那些细节的画面就更想不起来。我们往往通过一遍遍翻看老照片，去拼凑自己过去的经历。于是，你在照片上的情绪和表情，就非常重要。1000 张快乐的照片，就能帮你拼凑出一个快乐的人生；1000 张表情木讷呆滞的照片，很有可能拼凑出来的是一个呆板的人生。在心理学上，这叫做自我意识。自我意识可以被重新设定——通过一个人对自我认知的改变，进而主动改变自己的人生。早在 1960 年，一位自我控制心理学家出版了一本专业圣经，叫做《心理控制术》，书中科学论述了这个道理，并且列举了大量科学家的经典研究案例。这本书也是美国奥组委指定的国家级体育教练的心理学教材。

我小时候，一直在不停地考试得满分、排第一。我的父母都是老师，我是他们清贫人生中的最大慰藉。他们得意洋洋于我的成绩，一直忽略我是否快乐。在我三十岁的某一天，我突然惊醒，我前三十年的生命就“毁”在这个经历上面。

2016 年 1 月 15 日，旧金山，由猎豹移动主办的跨太平洋移动互联网大会上，我对猎豹移动 CEO、紫牛基金创始人傅盛进行了一次访问，其间谈到中国人欠缺创造力的根源，所得的共鸣就像海面上袭来滚滚的雷声，令人唏嘘不已。

三十岁的一天，傅盛大概是第一次来到硅谷，早上在海边散步的时候，看见很多美国人在跑步、游泳、海里冲浪。他的思想受到极大的震动甚至颠覆，并提出一个问题：“为什么我们中国人那么勤奋，却还是被全世界认为是一个抄袭的民族？”

“一定有一种力量是高于勤奋的。”

“是什么力量？”我问他。

“中国的创业者有一个最大的优点，就是执行力强，他们能以高效的执行力、行动力，在短时间内做出让全世界瞠目结舌的事情。美国人执行力弱一些，但他们能够‘think big and think different'。我观察了很多次，在中国，现在还有些很大的公司创新，在研究手机；在美国的创新公司从来没听说现在还在做手机的，当我们在绞尽脑汁想把一件事情做好，人家早在想别的技术、解决别的问题了。有一个数据说，硅谷有 100 多家创业公司在研究让人类登陆外星的技术，还有 100 多家在研究攻克癌症的生物医疗技术。美国人可能不同意，但我认为他们敢想不一样的事，在很多时候弥补了执行力的不足。"

"我人生的前三十年都浪费了。"他毫不犹豫地说。

"你什么时候意识到这一点？"

↑ 旧金山访问傅盛。

“31 岁的时候。”“我们用大量的时间去勤奋工作，十万小时定律什么的，只是在掌握技术，其实练习技术只需要很少的时间就够了，真正解决问题的永远不是现有的技术。”

“那些真正具有创新力的民族，比如美国人，已经超前了，这是根子上的东西。现在你 31 岁意识到了，即使拼命跑拼命追赶，能赶得上吗？”

“赶不上。”

“那怎么办？”

“这没问题啊，只要过好你以后的人生。有一句话说，‘朝闻道夕死可矣’嘛，其实人生的大道理，只要知道一两个就可以了。”

“永远赶不上，会不会使我们落入自卑？我是说，一个民族整体性的自卑。”

“没什么好自卑的，就像打牌，你没抓到大王，你说你需要为这个自卑吗？”

“所以你在台上用英文演讲，不流畅的时候，一点也不会觉得不好意思对吗？”

“那还是会有一点，我这是被磨练出来的。但其实语言的目的是表达意思嘛，你只要达到了目的就行了，过程怎么样就不那么关注了。”

他说话的语调温和、平稳，像是那种多年困在骄傲枷锁中的人，突然在一刹那挣脱了自我约束和要求的牢笼，彻底融于谦卑。就像那句话说的，“和光同尘”。

“我们自我束缚创造力的观念，都来自父母。他们上一代人太苦了，没有什么安全感。从小教育我们好好读书、努力工作、结婚生子……就没有别的了。”

“像我这样遇上都是老师的父母，就是更大的灾难了。”我哈哈大笑起来，深有同感。

“不是有人说了吗，父母已经成为一个负面的词语。有一次，我听见我妈跟我女儿说，你要好好学习，长大努力工作……”

“你马上将女儿和母亲隔离了是吧？”我笑问。

“我对她说，孩子以后长大了会有她的生活方式，那个时候社会已经不需要他们努力工作了，她只要开心就好了。”

这是一个想得通透了，在未来的人生中不大再会有什么困惑的人。省下的时间，都用来创造、解决问题，以及享受生活。我相信，那会是好的人生。

关于请张泉灵加入紫牛基金，我问了傅盛一个比较尖锐的问题：“你为什么会请一个既没有做过投资也没创过业的人加盟？”

对于这个问题，他显然在决策以前就经过了缜密的思考：“很简单，主要有三方面的原因。

“第一，她找人好找，因为她是个名人，有足够的知名度和影响力；第二，她做了这么多年记者，看人准；第三，她做调查新闻出身，有很强的挖掘能力。”

这个回答能滴水不漏地解决很多人的疑惑。有时候，如何解读一件事情，比真正发生了什么更重要。

70. 权静的华丽转身

权静，在国内财经媒体界是个响当当的名字，曾任新浪财经编委、记者、主持人。我在硅谷遇见她的时候，她已经华丽丽地转身为一位上市公司的女高管。在秦朔先生引见我认识她之前，我老早就看过她主持的高端财经访谈节目《财经面对面》，由新浪财经全力打造，是中国高品质互联网原创财经栏目的先行者。

这几年做财经媒体，权静几乎跑遍了国际上所有最具影响力的财经论坛，频繁出现在瑞士达沃斯、南非财富全球论坛、博鳌峰会等，几乎访问遍了中国乃至国际最著名的企业家、经济学家。“北大张泉灵的师妹，非常非常勤奋。”见面之前，听秦总这样评价她，我对她又平添了几分敬佩。晚餐开始前，在旧金山的街头一见面，我们两人就像老朋友一样拥抱起来。“呀，婷婷，我看过你做的创业节目，非常棒！”我听了特别感激和开心。

权静现在的身份是猎豹移动的全球品牌总监。在我眼里，她的转型十分成功。我看她为了公司搭建全球信息高速公路的总体战略，仍然全球各地地飞，在硅谷跨太平洋移动互联论坛上满场张罗，忙得不亦乐乎。辛苦，但是很有成就感。

会议间歇，我们在会场外面的天台上聊天。“转型之后感觉怎么样？”我问她。“以前是一个观察者，现在是一个亲历者，在一个全球移动互联时代，能够亲身参与到科技进步的最前沿，还是挺有成就感的。”她兴致勃勃地说。我也为她感到高兴。

做财经媒体人多年，我有两点体会：第一，一个身穿媒体外衣的人在财经界、企业界是不会交到几个真正的朋友的，因为大家会对你的职业设防，你的人品再好都没有办法。第二，职业惯性会使得你对很多问题的本质无法真正了解。有一天甩掉了这份工作，我才发现自己终于能绕过表象，看见了问题背后的真相。到今天，在很多人眼里我仍然做的是媒体，但实际上，事实已远非如此。

71. 眉毛飞到天上的英雄院长

一个晚上，受我的天使投资人，也是 PPTV 创始人之一李翀先生的邀请，我参加德丰杰基金合伙人 Hope 硅谷的家中开的 Party 时，大家聊起她的老板蒂姆·德雷珀（Tim Draper），都竖起大拇指，说他真是一个有情怀和充满理想主义的投资人。

那时候我还没见过蒂姆，只知道他在硅谷乃至全球的风险投资界家喻户晓，在三十多个国家投资了几十亿美金，投出过包括百度在内的很多了不起的公司。现在他在硅谷建立了一个英雄学院，专门教授人们创业的正确方法。

蒂姆·德雷珀有几句经典的话我特别喜欢，他说：“如果有人跟我说这件事情做不到，我会问他怎样才能做到？”现在全世界有很多很多孵化早期创业项目的加速器，他说：“加速器根本上不是为了提速项目，而是要提速人的成长。”他有很强烈的漫画情结，喜欢墙上的漫画涂鸦，学院的墙壁上有很多五颜六色的画。

巧的是，没过两天，我就在移动互联网论坛上遇到了蒂姆。下午四点多的时候，他为那场论坛做闭幕演讲。因为我在外面忙着录制一集节目，所以错过了他的演讲。当我结束录制工作赶紧去看他的时候，会议已经散场。他在演讲台的下方被一群人包围着，大家轮番问这问那，合影留念，舍不得走。蒂姆跟每个人合影的时候都用他的经典动作，和对方拳头对准拳头，做一个加油的手势。

他的眉毛太特别了，像中国神话中闹海的哪吒，或者能上天入海的龙王，眉毛很长很长，而且都是从脸颊两侧飞向天空的。我好奇地问，你的眉毛一直往上长吗，要不要像剪头发一样定期剪掉？逗得他哈哈大笑。他十分爱笑，年纪应该不小了，但和很多大人物一样，有一颗充满天真的孩童的心。

围着他问问题的人，有创业的，也有向他讨教投资的人。时间不早了，整个会场的工作人员已经把演讲台拆掉，开始卸掉会场里的灯，收走桌椅，灯光渐渐变暗。蒂姆居然一点也不着急走，只要还剩下一个人向他求教，他都肯留下来耐心解答，真的很令人敬佩和感激。

终于，大家和蒂姆拍完最后一张大合影，恋恋不舍地各自告别。我们一起乘电梯下楼的时候，硅谷高创会的主办人雷虹女士说："越有成就的人，越是平易近人。"真的。趾高气扬的人，都是为了掩饰内心的自卑；真正有了底气的人，也就有了胸怀和气度、平静与包容。

72. 硅谷

——创·思索

没有任何决定天然正确。重要的是，你能把它变成正确。

创客的路上，会遭遇很多不测，也就是遇见很多不可控制的情形。你的合作伙伴、投资人，甚至合伙人、员工分分钟都有可能改变决定。

就拿此行我到美国来说吧，本来是几个月前一个创业学院邀请我和我的团队，一起跟随他们的一个企业家培训班，来美参加CES，想让我们将他们的游学过程拍摄制作成专题片。但后来不知道哪里出了问题，计划中的班最后黄了，一个人都没有来。有时候就是这样，遇见的人都是好人，但弄出来的事情就是特别狗血。毕竟，要做成一件事情，需要很多环节、各种组织的配合，一个环节出了问题，就会导致整个项目的流产。

但令人尴尬的是，我一直在等这个组织的集体行程安排，包括机票和酒店，居然到计划出发日期的前三四天，都没有人告知我实情。搞得我临行前一天订的机票和酒店，非常被动。CES 的入场资格有没有，我也不能确定。但我仍然决定自己踏上一段前程未卜的行程。

朋友在机场送我登机的时候，我说“我心里真没底”。他说：“那就是踏上旅程最好的状态，说明你将自己倒空了。装满了再回来！”这句话给了我鼓舞，随后我就放松地登机了。

幸运的是，我到拉斯维加斯之后遇见了很多朋友，得到了很多帮助，大家在一起彼此支持，基本没什么感到特别困难的事儿。我很快就确定，这趟行程来得太值得了。

永远不要把出发的决定权交给别人。你是否要踏上这班飞机，决定权在你自己手上。

在旧金山那一场对话，猎豹移动 CEO 傅盛的那句“我人生的前三十年都浪费了”正好击中我的内心。拍摄这场访谈时，我没有当场告诉他，我跟他想的一样，而且一样是在我三十一岁时觉醒到这一点。我认为这并不算晚。

实际上，我小时候在音乐和画画方面都展现出了一定的天赋和才华，拉小提琴和画画都很好，但父母不让我坚持下去的理由是：“这孩子学习太好了，不要在这些副业上浪费时间。”

只要稍微留意就会发现，很多在自己的领域取得巨大成就的人，都是因为开始得早，并且坚持了一生。比如，席琳·迪翁五岁就开始跟母亲和家人在自家的酒吧里演唱，十几岁就开始在母亲的帮助下出唱片。我的人生自幼被设定了太多条条框框，但没关系，我决定以后的人生不再浪费就行了。是的，就像打牌一样，没抓到大王并不能算什么遗憾，打好你抓到的牌就好。何况这一生，你还有很多机会洗牌、重新抓牌。

后来我买了一把小提琴
放在家中的客厅
用来提醒自己，对于热爱
和有天赋的事情
一定要趁早！

73. 斯坦福大学——让自由之风吹起

斯坦福大学的校园像一个巨大的庄园，人走在里面，像鸟兽一样散步。

“走在这校园里，我觉得自己像一头自由的大鸟。”我对一起往威廉·休利特教学中心走的姚欣说。他是 PPLive 的创始人，现在也做天使投资，最近常来斯坦福听课。

路上，我跟他说起近期将启动的一个硅谷系列节目的拍摄计划，他很理性地问：“不是有人做过很多了么，你做的会有什么不同？”

“当然会不同了啊，因为我独一无二。”

“你们文科生总是这么……”他没说完整，但我想那个欲言又止的词应该是“感性”。

二十世纪三十年代，美国经济处在大萧条阶段。当时的斯坦福大学默默无闻，而世界上的著名大学都在德国。斯坦福大学工学院的院长弗雷德·特曼看两位杰出的学生毕业后找不到工作，就写了一张 5000 美金的支票，鼓励他们创业——他们当年创办的公司就是今天举世闻名的 HP 公司，斯坦福大学“教育、科研、创业”三位一体的办学模式也由此奠定根基。

你知道斯坦福大学校训的由来吗？那句“自由的空气在飘扬”，那是德国诗人修顿的诗句。

所以，不要小看文学的力量。科技诚然创造很多奇迹，但从某种意义上，一个伟大诗人追求自由的精神，在历史上孕育了斯坦福这个科技和创业圣地。

我是到威廉·休利特教学中心上张首晟教授的课的。他是斯坦福大学物理系的终身教授，美国国家科学院院士，他发现的量子自旋霍尔效应被《科学》杂志评为“全球十大重要科学突破”之一，并且在 2015 年被汤姆森·路透评为诺贝尔奖得主的有力竞争者。

103 教室是一间小教室，大概六七排座位，我进去的时候到了四

↑ 在斯坦福大学，感受热爱、信仰、自由、勇气

五位同学，张教授坐在第一排备课。

我永远也忘不了那个画面——13:30开始上课了，老师在黑板上已经写了好几行公式，三个男同学迟到了几分钟，他们从容地走到第一排坐下，其中一个男生轻轻地哼着歌。老师的专心授课丝毫没有被打扰，哼歌的男生也没有中断一路走来的愉悦，紧接着进入到愉悦的学习中。

黑板上全是物理化学的公式，我什么也听不懂，但我感受到了一切。课堂里不包括我在内，一共有23名同学，很多张亚洲脸庞，三名女生，其余都是男生。我能感到每个人都是专注的，而讲台上授课的老师，在讲述和黑板上书写的同时，时刻关注和觉察每个同学的反应，几乎每一个同学都在课堂上问了问题。

我很多年没有在一个正式的课堂上听过课了。谁能想到，今天在斯坦福大学的校园，听了一节几乎包揽了所有科学界最高奖项的科学家的物理课。有一种很复杂的感动几乎要使我流出眼泪。我们曾经被教育说“知识是改变命运的工具”，到今天，我才对科学生出一颗真正的敬畏之心。

张首晟先生不仅仅教授科学理论和科研方法。他认为，在斯坦福大学学生能与世界科学界的泰斗、大师们肩并肩地学习，更重要的是要学习他们的品味、风格、审美和选择。

“科学真理是客观的，但求知的过程却往往是主观的。大师们往往是因求美而得知的。爱因斯坦正是因为相信宇宙的美妙，才找到了永恒的真理。真善美的结合才是教育的最高理念。”他说。

下课后，我和张教授谈及在我的硅谷系列节目，想邀他做一期访问。他说：“我最近接受了不少采访，如果问一些谈过的问题，意义不大，你想聊些什么呢？”

我说，我看到你写过，有好几次在科研上迷失方向的时候，就到斯坦福的艺术博物馆看看罗丹的雕塑，散步回来的路上便会茅塞顿开，我想请你聊聊科学与艺术之间的微妙关系。

他说，这是个不错的主意。我们欣然决定，在下星期约个时间，以斯坦福博物馆为场景，做一次访谈。随后，他就赶回办公室忙去了。他离开的背影很像一个艺术家。

70. 教育是最好的礼物

我常常到斯坦福旁边的斯坦福购物中心，这里有草坪和绿荫，咖啡馆、餐厅，还有各种品牌商店。很多夫妇推着孩子牵着狗，散步、逛店、吃东西，每个画面都洋溢着自在的愉悦。我想起姚欣的话，“女人和孩子是最容易喜欢上这儿的。”他就是带着太太和一大一小两个宝宝来这儿的，一边生活一边求知，我看到他们一家的时候就知道他们满满的幸福，人人各得其所。

好的教育，是我们能够给下一代最好的礼物，同时也是最难的礼物。因为很多父母并不知道什么是好的教育。出生在二十世纪五六十年代的一整代父母，就存在这个问题，这是一个社会发展阶段所造成的时代的问题。他们从小生活在物质匮乏的环境中，精神世界没有得到过重视和发展，对自己的下一代最高的期望，是吃饱穿暖、衣食无忧，对儿子就希望能早日成家立业、传宗接代，对女儿则是嫁个好人、过安稳的日子。理想和爱情对他们来说，都是奢侈品。

在硅谷做节目的时候，有一次合作公司帮我请到一个摄像师，1990 年的，26 岁，刚刚做了爸爸。拍摄完成后我们闲聊，他是西安人，本来读的西南政法大学，学的新闻专业。才读到大一，他就知道这不是自己喜欢学的，于是就到美国来读书，修了双学位，又读了个新媒体专业的研究生。

中国开始有了第一代可以自由选择的人，就是 90 后。他们的父母靠勤奋努力，已经奠定了一定的物质基础，让他们不必再为生存而放弃自己的兴趣和爱好，有了选择的权利。选择自己真正喜欢的学校、专业、工作、事业、婚姻以及生几个孩子。跟他们在一起共事我很高兴，因为他们专注、投入、主动，有无尽的创造力。

11. 同舟共济

武康路 63 号的带花园的工作室，后来我们没有搬进去，因为社区突然要整修外墙两三个月。很幸运的是，我们在华山路 2 号的初创空间里，找到了一处也很棒的办公场地得以安身。初创取义“创始之初”，空间里集中了很多形形色色的创业团队，它在 7 楼有一个大大的天台，正对着静安寺的香火，毗邻老上海的百乐门舞厅旧址，站在那里眺望远方会有一种穿越历史之感。

我和团队小伙伴们一起去买了些家具布置办公室，很简易的沙发、桌椅、书柜……清新的色彩，温馨的感觉。创业已经很劳心了，时时充满了“上不着天、下不着地”的紧迫感，我希望办公的环境轻松一些，让大家走在来工作的路上，像走在回家的路上时一样有归属感。

在步入“创始之路”的一年中，我学会最多的是“宽容”。宽容不是将就，将就是妥协，是放弃，会令你丧失原有的阵地；而宽容却是爱跟持续的付出，让你赢得更大的疆场。

2016年情人节这一天，是春节假日后第一天上班，也是一个大喜的日子。我在美国得知，与我同行创业了一年的行风在这天订婚了。他最早是我创始团队的伙伴，现在已经成为我的合伙人。我很感慨，于是写下了这样一段话——

“我的价值观和人生观是，事业的顺利与成功，应当置于人生幸福的大格局之下，我希望和我在一起奋斗事业的所有人，生活得快乐和幸福，否则一切毫无意义……因为我也正是为了追求人生大而全面的幸福，才挑起一杆旗帜，踏上了这条奋斗之路。所以，在此祝福我的合伙人行风开启崭新的生命里程。”

有种奇怪的感觉，一听说他订婚，我好想倏地觉得自己肩上的担子重了似的，这大概就是感同身受、同舟共济吧！有这样的人在我们八字没一撇的时候，就愿意同行，是三生有幸。但我相信，所有大船在扬帆远航前，都始于一块帆板、一根铁钉。

写到今天，书稿已经快完成了，怀念起去年夏天那个下午，我与出版社的人在武康路的小院子见面，转眼人、事、景都有转机，我更是漂洋过海到美国来完成余下的部分书稿，有一点感慨。

很多事情，都没像我们当初以为的那样发生，但是他们的出现都推进了事态的进展。

酒店外的低空，从机场起飞的飞机轰鸣而过。我喜欢这里的大飞机是彩色的。人生的终点和旅程，最好都是彩色的。

我不再像过去那样看待我的过去，但并不打算改写我写过的话。因为既无意义，也无必要。

你们现在已经离开了
我也有了新的合伙人
每个人都只能陪你走一程
希望大家都有好前程

后记

“猩红的栀子花开时，枣树又要做小粉花的梦，青葱地弯成弧形了……我又听到夜半的笑声；我赶紧砍断我的心绪，看那老在白纸罩上的小青虫，头大尾小，向日葵似的，只有半粒小麦那么大，遍身的颜色苍翠得可爱、可怜。

“我打一个哈欠，点起一支烟，喷出烟来，对着灯默默地敬奠这些苍翠精致的英雄们。”

这是鲁迅在 1924 年 9 月 15 日写下的文字，文章叫《秋叶》。

一个民族战士，用这样细腻的笔触，去描写小小的蚊虫。讲真的，一个殿下，你很难分辨他胸中怀有的到底是整个宇宙，还是一粒微尘。

这真像创业啊，你的胸中既有整个宇宙，也有一粒微尘，狂妄而谦卑，自我而忘我。

就去做一个“苍翠精致的英雄”吧！

此刻的上海，也要到秋天了，而我刚刚度过的，是一个有史以来最不觉热的盛夏。

“你不热吗？”有一天气温 40℃，我在外面汗流浃背地拍摄，拍的那位创始人问我。

“不热。”

“为啥？”

“因为我的心更热。”

写作即将告一段落。

“回看个把月前写的东西，就会发现当下的认知水平不一样了，如果重新写就不会再那样写。”我对他说。

“你在变化，而且很快。”

“我该去改动那些文字吗？”我问。

“这取决于你要呈现的是你的成长还是成果。”

“成长，我不会有确定性成果。”我听见自己内心的声音。

对我的问题，他总能给出无懈可击的答案，就好像经过了精准校对，恰好引诱我内心真实的声音脱口而出。

“好，那我就不去改。”

让一切真实自然地发生。

真实自然。

选择和你们在一起，

是我最正确的决定，感恩相遇！

上架建议：创业/励志
ISBN 978-7-5476-1114-2
9 787547 611142 >
定价：49.00元
易文网：www.ewen.co